Dr. Hans Jürgen Berg

Das Übel der (schulischen) Bildung ist die Politik!

– Plädoyer für die berufliche Bildung –

Inhalt

0. Vorwort

Der Wissensstoff, der dem Knaben im Unterricht nur in unzusammenhängender Weise beigebracht wurde, muss ... nun so zusammengestellt werden, dass die Verwandtschaft der einzelnen Wissensfächer miteinander sowohl wie mit der Natur des Seienden im klaren Zusammenhang hervortritt ... Dies ist die entscheidende Probe, ob man mit einem dialektischen Kopf zu tun hat oder nicht. Denn wer die Fähigkeit zum zusammenfassenden Überblick hat, der ist auch dialektisch veranlagt.
Mit diesen Gedanken aus Plato, »Der Staat«, 7. Buch, ist der Spannungsbogen beschrieben, der ein Impuls dafür war, dieses Buch über den Zusammenhang von Bildung und Politik zu verfassen.

Das Buch wendet sich an diejenigen, die sich für bildungspolitische Fragestellungen interessieren. Es werden bildungspolitische Implikationen aufgezeigt, die manchmal zum Ziel führen, oft aber auch nur den Anschein erwecken: *Wir tun was, aber wissen nicht so genau, was daraus wird oder werden kann.* Dies bezeichne ich dann – wie weiter auszuführen ist – als *Bildungswuselei.*
Es geht mir unter anderem darum, die bundesrepublikanische Bildungslandschaft vor dem Hintergrund einer langjährigen Tätigkeit in derselben in den Blick zu nehmen. Auch wenn dieser Blick subjektiv gefärbt ist, wird aufzuzeigen sein wie verstrickt, teilweise verworren, oft nur politisch motiviert Bildungsfragen behandelt werden, um nicht zu sagen *abgehandelt werden.* Hierbei fallen Entscheidungen, deren Nutzen für diejenigen, die Bildung nachfragen und für die Bildung bestimmt sein sollte, manchmal nur marginal ist.
Mit Blick auf die Kulturhoheit der Länder und vor dem Hintergrund der länderübergreifenden Abstimmung in der Konferenz der Kultusminister der Länder wird zu zeigen sein, wie vielschichtig die

Entscheidungsprozesse in der Bildungspolitik sind und welche Klimmzüge notwendig sind, um die kulturföderalen Hürden zu überwinden.

An den Strukturen des berufsbildenden Schulsystems wird verdeutlicht, welche alternativen Strukturen im Unterschied zum allgemeinbildenden Schulsystem gegeben sind und wie diese die Qualität der Berufsbildung prägen.

Durch die diesem System immanente Orientierung am Beruf die, bezogen auf die betriebliche Berufsbildung, ihre überwiegende Regelungskompetenz beim Bund (Recht der Wirtschaft) hat, ist die berufliche Bildung in Teilen vor dem kulturföderalen Zugriff geschützt. Sie wird von anderen Wirkgrößen (Wirtschaft, Verbände, Organisationen, Gewerkschaften) beeinflusst, die nahezu ausnahmslos aus der Berufs- und Arbeitswelt resultieren.

Strukturüberlegungen, seien sie schulorganisatorisch (Schulformen) oder inhaltlich (Lehrpläne) bleiben, was die duale Berufsausbildung betrifft, weitgehend vor dem kulturföderalen Zugriff verschont. Stattdessen sind Diskussionen über Bildung durch das Medium *Beruf* geprägt, eines der zentralen Kriterien, an denen sich die bildungspolitische Auseinandersetzung orientiert, die Gedankenwelt beflügelt und die für eine kontinuierliche Weiterentwicklung mitverantwortlich ist.

Es wird aufgezeigt, welche Differenzierung, Flexibilität und Schülerorientierung kennzeichnend für das berufliche Bildungssystem ist. Die Möglichkeiten, nahezu alle Schulabschlüsse zu erlangen wird als ein Alleinstellungsmerkmal skizziert. Vor dem Hintergrund der differenzierten Lernvoraussetzungen des Einzelnen wird exemplarisch zu zeigen sein, wie in diesem Bildungssektor die Schülerinnen und Schüler dort abgeholt werden, wo sie stehen, und das zu jedem Abschluss eine Anschlussqualifikation möglich ist.

Die Motivation dazu, dies in einem Buch niederzulegen, beruht darauf herauszustellen, wie differenziert und abschlussorientiert an den Interessen derjenigen, die Bildung nachfragen, das berufliche Bildungssystem nicht nur am Lernort Berufsschule, sondern auch in der betrieblichen Wirklichkeit ist. Hierbei wird unter anderem ein Blick darauf zu werfen sein, wie über bestimmte Bildungsverläufe, bis hin zur allgemeinen Hochschulreife, alle allgemeinbildenden Abschlüsse über das berufliche Bildungssystem erworben werden können. Die Durchlässigkeit und Gleichwertigkeit des beruflichen Qualifizierungssystems am Lernort Berufsschule, das von der Ausbildung bis zur Fort- und Weiterbildung reicht, wird ebenso thematisiert, wie an Beispielen zu zeigen sein wird wie flexibel, stützend und fördernd das berufliche Schulsystem inhaltlich aber auch schulorganisatorisch strukturiert ist. – Eine Struktur, die den zu qualifizierenden Jugendlichen, jungen Erwachsenen oder Fortbildungswilligen eine ihnen adäquate Qualifikationsplattform bietet und sie dort abholt, wo das Bildungsinteresse besteht.

Die Aussagen, Einschätzungen und Sichtweisen, die in den jeweiligen Kapiteln dargelegt bzw. getroffen werden, basieren auf einem mehrjährigen Erfahrungshintergrund als Berufsschullehrer, als Aus- und Fortbilder für Lehrkräfte an berufsbildenden Schulen, auf einer zehnjährigen Tätigkeit als Leiter einer differenzierten Berufsschule sowie auf einer über eine Dekade währenden verantwortlichen Tätigkeit in der Bildungsverwaltung eines Ministeriums. Hinzu kommen diverse Funktionen in Gremien der Berufsbildung, bei Verbänden und Institutionen in herausgehobener Verantwortung.
Diese beruflichen Erfahrungen sind der Impuls, ein Plädoyer für die berufliche Bildung zu verfassen, ein Bildungsbereich der häufig nur dann in den Blick gerät, wenn gesellschaftliche Probleme – sei es die Jugendarbeitslosigkeit, die Nachqualifizierung, die Beschulung

von Migranten, die Fachkräftesicherung, um nur einige Aspekte zu nennen – ein Thema sind.

Damit kann das Buch sowohl Ratgeber als auch Impulsgeber sein, einerseits für diejenigen, die sich mit dem beruflichen Qualifizierungssystem auseinandersetzen wollen, und andererseits, um schulstrukturell neue Wege zu gehen, Schule neu zu denken, sie in eine verantwortete Freiheit zu entlassen. Wenn Letzteres durch eine unterstützende und nicht gängelnde Schulaufsicht und einen schulgesetzlichen Ordnungsrahmen begleitet wird, der Beweglichkeit ermöglicht, wird Schule zu einem *lebendigen* Lernort, denn auch hier gilt:

Eine Schule die sich nicht bewegt, spürt ihre Fessel nicht!

Auf der Grundlage eines humanistischen Menschenbildes, das leitend für meine pädagogische Handlungsmaxime ist, werden Überlegungen angestellt, wie diejenigen Jugendlichen und jungen Erwachsenen in den Fokus zu rücken sind, die es zu qualifizieren gilt. Ein zielführender Weg hierzu scheinen mir modular strukturierte Qualifizierungswege zu sein.

Dem Leitmotiv folgend, dass *Jugendliche vom Umtausch ausgeschlossen* sind, wird gezeigt, wie identitätsstärkende Bildungsprozesse in der Schule umsetzbar sind. Die hierauf ausgerichtete Lehr- und Lernkultur (eine Schule die Arbeits- und Lebensraum darstellt, die zur Mündigkeit, zur Verantwortung gegenüber sich und der Gesellschaft, zur demokratischen Teilnahme und zur Mitgestaltung gesellschaftlicher Strukturen in verantworteter Selbst- und Sachkompetenz führt) ist Gegenstand der Kapitel 5 – 7.

Diesem dort skizzierten *Leitbild der Bildung* folgend, werden dann Modelle schulischer Selbstständigkeit dargestellt. Erst diese eröffnen einen Gestaltungsrahmen, der in Freiheit und Verantwortung der Schule die Möglichkeit gibt, ein spezifisches Profil zu entwickeln, ohne dass grundlegende Normen des Bildungsauftrages außer Acht gelassen werden. Hierzu können unter anderem die Hoheit über das Schulbudget, das Personalbudget, die Verwaltung der Liegenschaft sowie die inhaltliche und organisatorische Gestaltung der Schule und der Schulgemeinde (Eltern, Verbände, Sozialpartner, Betriebe, etc.) gehören.

1. Einleitung

Da jeder die Schule besucht hat, fühlen sich viele dazu bemüßigt ihre maßgebliche, oftmals jedoch unmaßgebliche Meinung über *Schule* kundzutun. Dieses geschieht oft aus berufenem aber vielfach auch aus unberufenem Mund.

Doch oft rückt die Debatte über die Schule – die zentrale Frage was Bildung, was das Bildende ist oder sein soll – aus dem Blick, verliert sich in unnützen Schulstrukturdebatten, in der Diskussion darüber, wie Schule gegliedert sein sollte, in bildungspolitischem Gezänk. Die Debatte bewegt sich manchmal auf Stammtischniveau, die mehr pauschalierend als differenzierend ist. Dennoch muss man diesem Phänomen der Äußerungsunkultur im Interesse der Bildung und dem *Lernort Schule* Rechnung tragen, da in der Regel die Auseinandersetzung in den Familien beginnt, wenn die Kinder die Schule besuchen.

So kann man der Aussage von Marie-Luise Lewicki (vgl. Chrismon, 08.2013, S. 38) *Eltern macht euch locker* nur beipflichten. Sie verweist darauf, dass Eltern die Schule nicht zu sehr zu ihrer Sache machen sollten. Es wäre wünschenswert, dass die Individualität der Kinder, ihre jeweils spezifische Besonderheit, den Blick der Eltern bestimmen würde. Das *Unglücklichsein* aller Beteiligten über schlechte Noten ist kein Mittel der Persönlichkeitsstärkung, schließlich können auch andere Wege als diejenigen über das Abitur zum Glück führen. Viele vor und nach uns haben über das Lernen an einer Beruflichkeit ihr Glück gefunden, oft ohne persönliche Numerus-Klausus-Dellen oder falsche Erwartungen.

So ist der Bildungsforscherin Ute Frevert zuzustimmen, (*FAZ*, 29.09.2013, Nr. 39, S. 21) die zu der Frage, welche Art von Bildung Schulen vermitteln sollen, antwortet, dass das *alte Wort von der Herzensbildung* nicht in Vergessenheit geraten sollte. Hier verstanden als *Einfühlungsvermögen, Neugier, Offenheit, auch moralisches Empfinden,*gepaart mit einer längeren gemeinsamen Schulzeit, ein Lernen von und mit den anderen, nicht in einem Kuschel-Milieu sondern unter der Anerkennung von Leistung. Eine Schule, die fördernd und einfordernd ist, auch was die kulturelle Bildung (Philosophie, Ethik, Kunst, Musik, Literatur) betrifft, könnte ein Entwicklungsziel unter anderen sein. Hierbei realistische (Gesellschafts-) Bilder durch Schule und Elternhaus zu vermitteln, ist ein weiterer Aspekt. Was nützt es zu glauben, mit dem Abitur habe man das Ticket in der Tasche, das die Pforten der Welt öffnet? Um eine Pforte zu öffnen, bedarf es eines Schlüssels, der ist ungleich komplexer als der Schlüssel des *Reifezeugnisses.* Diesen Schlüssel für die Pforten der Welt gilt es zu formen und zu feilen, damit er, auch wenn es mal klemmt, in der Lage ist die Pforten zu öffnen.

Nicht jeder, der ein Lehramt anstrebt, hat grundsätzlich auch den richtigen Schlüssel dazu. Deshalb fordert Richard David Precht (*Trierischer Volksfreund*, 25.02.2014, S. 27) im Rahmen einer Podiumsdiskussion, dass nur diejenigen in den Lehrerberuf Zutritt erhalten sollten, die ein entsprechendes Casting durchlaufen haben. Ebenso, dass in der zweiten Phase der Lehrerausbildung (Referendariat) ein Persönlichkeitstraining stattfinden sollte, bei dem unter anderem die Frage in den Blick geraten müsste, was für eine Lehrerpersönlichkeit man ist und welche man sein will. Was die Schulen betrifft, so Precht, sollten diese in die Freiheit entlassen werden, ebenso wie mehr Kreativität statt Lernfabrikcharakter in den Schulen Einzug halten sollte.

Ein weiterer Aspekt ist das Verhältnis zwischen dem Bund und den Ländern. Auch zwischen diesen, bekanntlich geben die Länder im Rahmen der Kulturhoheit den Ton an, endet die Auseinandersetzung nie. Hat man sich im Rahmen der Föderalismusreform vor rund zehn Jahren für ein Kooperationsverbot zwischen dem Bund und den Ländern ausgesprochen, so bezeichnet heute die SPD (vgl. *Plädoyer für eine Nationale Bildungsallianz*, 12.10.2015) das Kooperationsverbot als einen *in den Verfassungstext gegossenen Irrtum*, der abgeschafft werden muss. Prompt reagiert hierauf der Koalitionspartner CDU, für den es *nicht die Zeit sei, ungelöste Fragen zur föderalen Struktur des Bildungssystems zu diskutieren*, schließlich ginge es um dringende Maßnahmen für eine schnelle Ausbildung und Integration (*FAZ*, 04.11.2015, Nr. 256).

Trotz dieses Dementis stellt sich die Frage, hätte man dieses nicht bereits vor zehn Jahren wissen können? Zeigt nicht die Lockerung des *Kooperationsverbots* hin zu einem *Kooperationsgebot* im Bereich der Hochschulen auf, wie brüchig die damalige Entscheidung war und nach wie vor ist?

Auch ist auffallend, dass immer, wenn es gilt gesellschaftliche Probleme in den Griff zu bekommen, man sich auf einmal *der Potenziale der Berufsschulen*, z. B. für die Integration durch Bildung (insbesondere derzeit von Migranten, vgl. *Plädoyer für eine Nationale Bildungsallianz*, 12.10.2015) besinnt.

Bildungsstrukturen und deren Veränderung bedürfen der geistigen Durchdringung, der Langfristigkeit der beabsichtigten Reform (sofern es eine solche ist) und der kontinuierlichen, bedachten Entwicklung. Mit Schnellschüssen ist es nicht getan, da die Folgen der *Bildungswuselei* sich erst dann zeigen, wenn die hiervon betroffene Schülergeneration längst dem Schulsystem entwachsen ist und die seinerzeit politisch Verantwortlichen nicht mehr die Schalthebel der Macht in Händen halten.

Helikoptermanagement in der Bildungswelt

Bildungspolitisch ist *Management bei Helikopter*, nach dem Motto *laute Verkündung, halbherzige Umsetzung, restriktive Haushaltsansätze* ebenso wenig zielführend, wie die Helikopter-Eltern, die glauben, gerade ihren Kindern stünden alle Wege offen, und die dieses auch so vermitteln. Nur die hieraus erwachsenden Ansprüche, die unzureichende Selbsteinschätzung, das Kreisen über sich selbst, irgendwo in den Wolken, ist dann ernüchternd, wenn man die Höhe des Blickenden mit der des Erblickten verwechselt. Die Ichbezogenheit ersetzt nicht die Beschäftigung mit der Welt, da man ein Teil von ihr ist. Dass in dieser Vorstellungswelt alles immer leicht bleibt und der Aufstieg ungebremst ist, ist ein Trugschluss; spätesten wenn die Flughöhe sinkt, wird man feststellen, dass nicht die anderen schuld sind, man muss sich schon bewegen, damit man nicht an Flughöhe verliert, sozusagen seine Fessel spürt.

So war in der *FAZ* vom 14. Juni 2015 (Nr. 24, S. 12) zu lesen, dass Eltern ihre Kinder aufs Gymnasium schicken und möglichst nur Bestnoten sehen wollen. Wenig später, so der Autor Christian Füller, beklagen sich die gleichen Eltern über eine Einser-Inflation. Nach Auffassung von Füller verbreiten sich die guten Noten in den deutschen Gymnasien so schnell wie ein Heuschreckenschwarm. Die Schwindsucht des Abiturs ist sozusagen eine zunehmende Epidemie. Das wirkt sich bis hin zur Mittelstufe an Gymnasien aus. Da man keine *Notenhürden für Schulwechsler* aufbauen will, ihnen damit den Weg der Höherqualifizierung an Berufsschulen (Fachoberschule, Berufsoberschule, berufliche Gymnasien) ebnet, sozusagen Zugangssperren bei den Aufnahmebedingungen glätten will, werden für Abgänger nach der Klasse 10 die Noten der *neuen unteren Mittelschicht* der deutschen Gymnasien ein wenig aufgewertet, damit der Übergang zu schaffen ist. So wird, um im Bild zu bleiben, die Flughöhe kaschiert, damit aber auch ein Lernen unterbunden, was mit einem drohenden Absturz einhergehen kann.

Es ist weder schlimm noch neu, so Füller, es hat Tradition, dass die Gymnasien immer ausgelastet sind. In einem abstiegsorientierten Bildungssystem, sind nur die Gymnasien in der Lage bildungsmarktsteuernd zu fungieren. Alle übrigen Schulformen müssen, solange es die Schulpflicht gebietet, die Schülerinnen und Schüler aufnehmen. So verwundert es nicht, dass die vermeintlichen Eliteanstalten, die Gymnasien, zwar vorgeben auf Qualität geeicht zu sein, real richtet man sich jedoch an Angebot und Nachfrage aus, was die Aufnahme als auch das Abschieben von Schülern betrifft – Hauptsache das System gerät nicht ins Wanken. Für Schulleitungen und Kollegien sind leere Gymnasien ein Übel, weil dann, gegebenenfalls mit einem Standortwechsel an eine andere Schule zu rechnen wäre.

Auch führt die Diskussion um die Abiturprüfung zu immer neuen Blüten. Obgleich sich nach der deutschen Einheit vier der fünf neuen Bundesländer dafür entschieden haben, das Zentralabitur aus der ehemaligen DDR fortzuführen, bedurfte es erst der *PISA-Studien*, bis die Diskussion über das zentrale Abitur Fahrt aufnahm. Da das Abitur in der Mehrzahl der alten Länder nicht alle Fächer beinhaltet, ist dieser Abschluss nach wie vor nicht umfassend vergleichbar. Die Unterschiede in den Abiturnoten, die bereits an ein und demselben Schulstandort differieren – ganz abgesehen von einer Vergleichbarkeit zwischen den Schulen und erst recht zwischen den Bundesländern –, lassen die Lebenslüge der Deutschen zerplatzen, nachdem ein gymnasialer Abschluss das Maß aller Dinge ist. Stattdessen heißt der Maßstab nicht *Leistung*, sondern: *Wie viel bietet der Bildungsmarkt an Schülerinnen und Schülern, die man aufnehmen kann?*

Ein weiterer Akteur in diesem Szenario ist die OECD. Mit ihren Aussagen zu einer zu geringen Abiturientenquote hat sie als alleinigen Maßstab über viele Jahre das Abitur herangezogen. Jeder Elternteil möchte – verbrämt hinter dem eigenen Anspruch – *nur das Beste für seinen Zögling*. Darum heißt die Devise: *Hochschulreife, koste es was es wolle*. Ketzerisch gesprochen könnte sich der Hauptschulabschluss zu einem Unikat entwickeln; da keiner mehr über ihn verfügt, wäre er somit ein besonderer Abschluss. Doch sobald man einen höheren schulischen Abschluss erlangt hat, beinhaltet dieser bereits den Hauptschulabschluss.

So verwundert es nicht, dass auch Realschulen viel vom Glanz früherer Jahre verloren haben. Dieser Glanz ist auch nicht zurückzugewinnen durch noch so wohlklingende Bezeichnungen und scheinbar kreative Lösungen, wie sie mit der Zusammenlegung von Hauptschulen mit Realschulen – wie noch zu zeigen ist – bildungspolitisch propagiert werden.

Doch auch hier greift eine neue Hysterie um sich. Der ursprünglich auf bildungsferne Schichten gemünzte Begriff des *Bildungsfatalismus*, nach dem Motto *Gymnasium passt nicht zu uns* (*FAZ* 27.06.2015, *Diese dummen Bildungsfatalisten*), entsteht in Akademikerkreisen ein Bedeutungswandel der Art, dass es *keine Alternative zum Abitur* gibt. Wen wundert es, dass diese Elternsicht auf die Kinder überspringt und keiner mehr in Haupt- (soweit es diese noch gibt) oder Realschulklassen will.

Demzufolge ist der Aufstieg über die Haupt- und Realschule zum Gymnasium eine Rarität, da jeder, der was auf sich hält, vom Start weg auf dem Gymnasium zu finden ist und von ehrgeizigen Eltern – getreu dem Willen der freien Schulwahl und häufig entgegen dem Rat von Pädagogen – dort auch angemeldet wird. Zur Not hilft dann der Nachhilfeunterricht, um den vermeintlichen Abstieg zu verhindern – ein inzwischen etablierter Bildungsmarkt, den sich meist nur diejenigen leisten können, die über die entsprechenden Mittel verfügen. Zynisch gesprochen muss derjenige, der diese Mittel nicht hat, mit den Konsequenzen eines abstiegsorientierten Bildungssystems leben.

Bildungswuselei statt Reform

Dabei könnte es so einfach sein, wenn man den Eltern die Gewissheit vermitteln würde, dass sie sich bezogen auf ihr Kind auf sicherem Terrain bewegen. Stattdessen wird vonseiten der Kultusverwaltungen in den einzelnen Ländern ein *Reformhype* betrieben. Diese verunsichert oft mehr als es notwendig ist. Stattdessen sollte man den Eltern Sicherheit, bezogen auf die richtige Schulwahl geben, die vielfältigen Möglichkeiten der Bildungsverläufe aufzeigen, deren Abschlüsse skizieren, um so die Mündigkeit und Entscheidungsfähigkeit der Erziehungsberechtigten zu stärken.

Man kann den Eindruck bekommen, dass nach jedem Regierungswechsel in einem Bundesland eine der wichtigsten Aufgaben darin gesehen wird, die Schulstruktur zu verändern und das Schulgesetz entsprechend anzupassen. Dabei ist es oft nur *neuer Wein in alten Schläuchen*. Mit Worthülsen wie *Realschule plus* (warum nicht minus?) werden Schulformen *aufgehübscht*, um Strukturveränderungen wohlgefällig zu umschreiben. Dennoch bleiben die Probleme die alten, denn mit keiner Schulreform haben sich die Schülerinnen und Schüler verändert. Würde man stattdessen diese *Wuselei* sein lassen, sich bewusst machen, dass Bildungsreformen langfristige Auswirkungen haben (siehe das Hin und Her der Diskussion um das Abitur nach acht oder neun Jahren), so könnte man stattdessen die Energie der Bildungsverwaltung in die Schul- und Qualitätsentwicklung lenken, Bildungsverläufe fundiert evaluieren und Ressourcen in die Verbesserung des schulischen Lehr- und Lernarrangements leiten.

Revolutionär wäre an dieser Stelle auch die Frage, ob es heute noch eine begründete Notwendigkeit gibt, in jedem Land ein Bildungs-, bzw. Kultur- oder Kultusministerium vorzuhalten. Sind wir nicht bundesrepublikanisch mittlerweile so erwachsen, dass wir statt einer Vielfalt in der Bildung, eine Einheit in jeweils spezifischer Besonderheit der Länder praktizieren könnten?
Ohne die Bildung zentralstaatlich zu verorten, wären Vereinbarungen und Regelungen denkbar, die dort, wo es zielführend ist, stärker die Gemeinsamkeit als die Differenz betonen. Die berufliche Bildung zeigt hierzu Wege auf. Nutzt es noch, sich in einer zunehmend europäischen Bildungslandschaft über gegliederte Systeme zu streiten und mit immer neuen Begrifflichkeiten die Unverständlichkeit zu potenzieren?
Wer hier ein wenig Entdeckerdrang verspürt, nehme sich die Schulgesetze unterschiedlicher Länder vor, danach mag jeder selbst beurteilen, ob die gegebene *Vielfalt* nicht letztlich zur *Einfalt* bei denjenigen führt, die *vom Umtausch ausgeschlossen* sind und denen wir im Schulsystem insgesamt die bestmögliche Förderung, Unterstützung und Persönlichkeitsentwicklung zuteilwerden lassen sollten: unseren Kindern und Jugendlichen.

Man kann es sowohl den Bildungsgewerkschaften, den Eltern, aber auch vielen Schulkollegien nicht verdenken, wenn bei der bizarren Verschiedenheit des Schulwesens in den Ländern, von *Schulwirrwarr* im Rahmen des praktizierten Bildungsföderalismus gesprochen wird. Sieht man sich die Kulturhoheit der Länder, auf die man sich bei jeder passenden und unpassenden Gelegenheit beruft, näher an, so kann man sich des Eindruckes nicht erwehren, dass das Pochen der Länder auf die alleinige Zuständigkeit für das Bildungswesen wie eine Monstranz hochgehalten wird, auch wenn aus historischer Sicht einstmals die Notwendigkeit hierin gesehen wurde. Jeder, der an diesem Konstrukt rüttelt, bekommt die Abwehr der Länder zu spüren. Lediglich wenn es um dauerhafte Finanzhilfen des Bundes für die Länder geht – so im Hochschulpakt – nimmt man die Mittel gerne, doch über die Verwendung darf der Geldgeber möglichst nicht mitreden, das ist Ländersache.

Wirklichkeit und Wunsch(-traum)

Vor diesem Hintergrund stellt die berufliche Bildung eine wohltuende Ausnahme dar. In der Berufsbildung, konkret im *Dualen System* der beruflichen Bildung, den ca. 350 Ausbildungsberufen, wird in allen Ländern nach der gleichen Ausbildungsordnung und den gleichen schulischen Rahmenplänen ausgebildet. Es gibt nicht den *Koch Schleswig-Holstein* oder den *Koch Bayern*, nein die zu vermittelnden Kompetenzen sind bundeseinheitlich, auch wenn Spezifikationen in den einzelnen Regionen ergänzend vermittelt werden können und sollen.

So kann man erneut fragen, warum die länderübergreifende Übereinstimmung in der Qualifizierung junger Menschen im beruflichen Bildungssystem möglich ist, aber im allgemeinbildenden Schulsystem nicht möglich sein soll?

Welche Synergien ergäben sich, die sinnvoll in Bildungsinvestitionen fließen könnten, wenn nicht in jedem Land *Bildungswuselei* betrieben würde? Wie schön könnte es sein, wenn die Bildungslandschaft transparent und allgemein verständlich wäre! Dann könnten nicht nur die Lehrkräfte, sondern auch die *Agentur für Arbeit* und andere Institutionen, die sich beratend und vermittelnd um Jugendliche kümmern, ihre Tätigkeit mit mehr Effektivität ausüben, als es derzeit der Fall ist! Dann hätten wir Schulen, in denen die Lehrkräfte wüssten, was im eigenen System an Bildungswegen möglich ist, Bildungsberatung wäre effektiv zu leisten und den Eltern würde Sicherheit vermittelt, die sich wohltuend auf alle Agierende in der Schule auswirken würde. Auch wären Umzüge in andere Länder von ihrer Schaurigkeit befreit. Wenn dieses dann noch mit einem Qualitätsschub einherginge, müssten nicht mehr die *PISA-Stars* auf die *Schmuddelkinder* zeigen, nein, man könnte einen konstruktiven Schritt nach vorne gehen, der vielleicht – und mit Träumen kann die Realität beginnen – einen Ruck erzeugen würde, der die Bildungsqualität in der Bundesrepublik nachhaltig voranbrächte.

Eine Rückführung der Kleinstaaterei in Sachen Bildung, käme auch der EU-Agenda zugute, die einen europäischen Bildungsraum im Blick hat und diesen anstrebt. Damit könnte das bundesrepublikanische Bildungswesen dem europäischen und auf Deutschland umgesetzten *Deutschen Qualifikationsrahmen* (DQR) auf Augenhöhe begegnen. Eine Augenhöhe, die sich über die Äquivalenz der Vergleichbarkeit der Bildungsabschlüsse, der Offenheit der Bildungswege, der Durchlässigkeit und der individuellen Förderung bis hin zur Inklusion präsentieren und auszeichnen könnte.
Dieses setzt jedoch den Mut der Verantwortlichen voraus, sowohl auf der Ebene des Bundes als auch der Länder, den Weg der Abkehr von Machtgehabe zugunsten eines gemeinsamen *Wir* für die junge Generation einzuschlagen. Dieser Weg wäre es wert, um zügig eine strukturelle Neuausrichtung einzuleiten. Damit könnte man auf das *Dampfplaudern* im Bereich der Bildung sowie wohlgefällige Stellungnahmen zur Bildungspolitik verzichten und stattdessen die Qualitätsentwicklung des Bildungswesens forcieren.

Vor dem Hintergrund des bisher Gesagten kann auf eine nicht repräsentative Umfrage von *Spiegel Online* mit ca. 3.670 Einsendungen (Stand: 10. Oktober 2014) verwiesen werden, in der 51 % dem Statement zustimmten, der deutsche Schulföderalismus erzeuge Chaos, weitere 38,7 % wollten mit dem Abbau der *Kleinstaaterei* auch das Schulwesen vereinheitlichen. Dem klassischen Pro-Argument, Bildungsföderalismus erzeuge einen wünschenswerten Wettbewerb zwischen den Ländern, stimmten nur 7,4 % der Teilnehmerinnen und Teilnehmer zu.

Ebenso kritisch setzt sich das gemeinsame Positionspapier der *Bertelsmann Stiftung*, der *Deutsche Telekom Stiftung* und der *Robert Bosch Stiftung* mit dem Bildungsföderalismus auseinander. Auch hier wird eine Weiterentwicklung gefordert, wobei nach langjähriger Erfahrung in vielen Bildungsbereichen gerade die systembezogen Blockaden der Bildungsadministration (Länderinteressen, Kultusministerkonferenz, Bedeutungsverlust etc.) ein entscheidendes Hindernis darstellen, Bildung bundesrepublikanisch auszurichten.

Für diese Neuausrichtung bedürfte es keiner höheren Mittel, nein, ein anderer Mitteleinsatz, Freiheit in Verantwortung für die Schulorganisation und keine Gängelei mit immer neuen gesetzlichen Vorgaben, würden Entwicklungen ermöglichen. Das könnte zu Impulsen im *Lernort Schule* führen, der wie kein anderer fast ausnahmslos durch akademisch qualifiziertes Personal geprägt wird. Diese Ressource zu heben, anstatt sie zu gängeln, könnte lohnenswert sein.

Aufgrund meiner Erfahrung hat die Aussage *Vergebung ist leichter zu erhalten als Genehmigung* in meinem damaligen Verantwortungsbereich in der Bildungsverwaltung nicht zu einem Chaos an und in den Schulen geführt. Stattdessen begaben sich viele Schulen auf den Weg, unkonventionell und fußend auf der spezifischen Situation vor Ort, schüleradäquate Entwicklungen einzuleiten und umzusetzen.

2. Bildungspolitische (Gedanken-)Splitter

In einem Beitrag in der *FAZ* (04.09.2014/Nr. 205, S. 11) von Jürgen Kaube, mit der Überschrift *Lasst doch mal alles wie es ist*, wird eine Schulwirklichkeit skizziert, die beschreibt, dass in den letzten 40 Jahren an den Schulen so gut wie alles reformiert und teilweise wieder rückgängig gemacht wurde. Für Kaube ist das, was die Lehrkräfte zermürbt, krankmacht und zu enormen Fehlzeiten führt nicht nur die Lehrtätigkeit, sondern es sind auch die schulinadäquat erziehenden Familien und/oder einmischungsfreudigen Eltern, die bildungspanisch das Beste für ihren Nachwuchs wollen.

Doch was ist das Beste?
Das Beste für Schülerinnen und Schüler – die ich als Berufspädagoge im weiteren Text überwiegend als *Jugendliche* bezeichne – ist es, einen das *Ich* stärkenden Lehr- und Lernprozess zu initiieren.

Was verstehe ich darunter?

Betrachtet man schulisches Lernen aus der Zuschauerperspektive, so stellt man fest, dass es in wechselndem Maß und je nach Schülerpersönlichkeit durch stark identitätsbedrohende Züge gekennzeichnet sein kann. Der Jugendliche muss sein *mitgebrachtes Ich* verleugnen, da Schule hierfür keinen Raum lässt. Er wird in der Regel als jemand angesprochen und behandelt, der über keine Vorerfahrungen verfügt. Dort, wo Vorerfahrungen einbringbar sind, werden sie im Unterrichtsprozess kanalisiert oder stillgelegt.
Dieses Erleben, in der *Institution Schule* nicht als Person angesprochen zu werden, ruft – je nach persönlicher Prägung und Erfahrung – Unsicherheit und Befürchtungen bis hin zu Angst hervor.

Angst in zweierlei Hinsicht: einerseits, dass das *mitgebrachte Ich* zu *Nichts* werden könnte, und andererseits Angst, in der neuen *Institution Schule* nicht Fuß fassen zu können (vgl. Rumpf, S. 21).

Doch selbst wenn der Jugendliche sein *mitgebrachtes Ich* ablegt, verdrängt, verleugnet, sich gegen seine eigenen Erfahrungen verhält: Was ändert sich? Trotz dieser Fluchtmöglichkeiten ist es dem Lernenden unmöglich, so weit zurückzugehen, dass die Realität nicht durch den subjektiven Wahrnehmungsprozess strukturiert wird. Der Jugendliche bleibt bei der Beschreibung der neueren Realität an seine eigene Subjektivität und die inneren Vorgänge der Wahrnehmung, Empfindung, Wertung und verstandesmäßigen Verknüpfung gebunden (vgl. Garlichs und Groddeck, S. 128), auch wenn er noch so sehr danach streben sollte, in Form einer Anpassungsleistung sein *mitgebrachtes Ich* zu verleugnen.

Erfahrungslernen, ein das *Ich* stärkender Weg

Ein Lernen, das mitgebrachte Erfahrungen einbezieht, ermöglicht es dem Lernenden, sich mit seiner eigenen Subjektivität, seiner individuellen leiblich-seelischen Besonderheit zum Lerngegenstand in Beziehung zu bringen (vgl. Garlichs und Groddeck, S. 128). *Erfahren* setzt die *Subjektwerdung des Erfahrenden* voraus. Umgekehrt bedeutet dies, dass derjenige, der es vermeidet Erfahrungen zu sammeln, sich öffentlichen Diskussionen nicht aussetzt, damit an seinen bisherigen Kenntnissen unreflektiert festhält und sich der Möglichkeit der persönlichen Weiterentwicklung entzieht. Das Subjekt, das so verfährt, grenzt sich gegen mögliche Rückwirkungen der Umwelt ab und beschränkt so die Erfahrungsmöglichkeiten, die der interaktive Prozess der Auseinandersetzung bietet.

Für den lernenden Jugendlichen hat das die Konsequenz, dass sein eigenes Handeln und Lernen beschränkt und unter Umständen folgenlos bleibt, da er sich der Möglichkeit eines Feedbacks beraubt. Deshalb zielt ein Unterricht, der Erfahrungen einbezieht, unter anderem darauf ab, den Jugendlichen von der vollen Verantwortlichkeit der Erwachsenenexistenz zu befreien und ihm eine Chance zur interaktiven Entfaltung im psychosozialen Moratorium der Jugendzeit zu ermöglichen (vgl. Erikson, Jugend, S. 242 ff.). Neben der Anerkennung des Schülers als Subjekt im Lehr-/Lernprozess fördert ein so gestaltetes Lernen die offene Wahrnehmung, setzt Empfindungen, Gefühle und Eindrücke frei, die neuere Realität als Subjekt zu erkennen. Der Jugendliche – und im Gefolge dieses Unterrichts auch der Lehrer – muss sich gegenüber den neueren und inneren Vorgängen seiner Subjektivität öffnen. Lehrer und Schüler müssen im Lehr-/Lernprozess die Fähigkeit entwickeln, ihre Empfindungen durch Sprache und/oder Symbole dem eigenen Bewusstsein zugänglich und damit für den Austausch mit anderen verfügbar zu machen.

Um diese Subjektorientierung im Unterricht zur Wirkung kommen zu lassen, bedarf es der *Identität* und der *Fähigkeit zur Bindung*.
Da Bindungsfähigkeit im Unterricht nicht grundsätzlich entsteht, ist ein hierauf zielendes unterrichtliches Setting erforderlich. Nur derjenige, der bindungsfähig ist und diese Kompetenz bereits im Rahmen der frühkindlichen Sozialisation erfahren hat ist in der Lage, sich gegenüber anderen zu öffnen, sie wahrzunehmen, ihnen vorurteilsfrei zu begegnen und entsprechende Lernfortschritte, eingebettet in ein hierauf ausgerichtetes soziales Umfeld zu machen.

Selbstachtsamkeit als Sozialkompetenz

In einer wirtschaftlichen Situation, in der die Produktionsbedingungen für den *Faktor Arbeit* u. a. dadurch geprägt sind, dass ein enges Zeitmanagement sowie eine Arbeitsverdichtung bis hin zur Arbeitsüberlastung gegeben ist, ist es für den Arbeitnehmer und damit für den Jugendlichen als zukünftigem Arbeitnehmer um so wichtiger, selbstachtsam mit sich umzugehen. Die Selbstachtsamkeit muss geübt und trainiert werden, um den Produktions- und Reproduktionsbedingungen als starke Persönlichkeit gegenübertreten zu können. Hierzu ist ein geschütztes Umfeld erforderlich, damit diese Fähigkeit eingeübt werden kann. Voraussetzung im schulischen Lernumfeld ist, eine Lernsituation in einer Klasse so zu situieren, dass dieses möglich ist. Das erfordert Lehr-/Lernprozesse, die gruppenspezifisch ausgerichtet und in ihrer didaktisch-methodischen Ausprägung entsprechend zu planen und umzusetzen sind. Hierfür kann/sollte der *Lernort Schule* den erforderlichen Rahmen bieten.
Das Einüben, Trainieren und Festigen dieser Fähigkeiten im Unterricht wird durch selbst gesteuerte Prozesse begünstigt, da diese einen interaktiven Rahmen eröffnen, der als Trainingsfeld nutzbar ist. Es gilt Freiräume im Lernprozess bewusst zu planen und damit zu schaffen, die so strukturiert sind, dass sie als Übungs-Spielfeld von den Schülerinnen und Schülern erkannt, anerkannt und genutzt werden.

Im Rahmen meiner Beratungstätigkeit in Jugendhilfeeinrichtungen war und ist das Problem der Desorientierung von Jugendlichen stets ein zentrales Thema. Vor diesem Hintergrund ist es notwendig, die Arbeit an der eigenen Identität von Jugendlichen auch in den Blick des Lehr- und Lernprozesses zu nehmen. Hierbei spielen Aspekte der Selbstachtsamkeit, des Nein-sagen-Könnens, der Standpunktsicherheit sowie das Sich-vertreten-Können in unterschiedlichen Interaktionssituationen eine zentrale Rolle. Erst durch diese Fähigkeiten sind Jugendliche in der Lage, ihren jeweiligen Platz in unterschiedlichen gesellschaftlichen Situationen, am Arbeitsplatz, in Peer-Groups etc. für sich selbst zu definieren und identisch zu agieren.

Diese Persönlichkeitsstärkung sollte ein Teilaspekt des beruflichen Unterrichts und damit der beruflichen Qualifizierung sein, da diese Prozesse zur Selbst-, Sach- und Sozialkompetenz zukünftiger Arbeitnehmer beitragen.

Lernen durch Erfahrung – ein zielführender Schritt?

Ausgehend von der These, dass Erfahrungen in der aktiven Auseinandersetzung mit der Umwelt entstehen, bedarf es der bewussten Verarbeitung von Erfahrungen mit der sozialen Umwelt. Dieses setzt die Fähigkeit zur Symbolisierung voraus, da nur so die Interpretation der Erfahrungen vor dem Hintergrund erlernter Bedeutungen möglich ist. Eine auf diese Weise vorgenommene Interpretation führt zur Erweiterung oder Umstrukturierung vorher erworbener Bedeutungen durch das Individuum. Der Lernprozess muss daher so gestaltet sein, dass der Jugendliche in der Lage ist, sich mit seinen Fragen, Problemen und Sichtweisen in den Unterricht einzubringen. Die subjektiven Erlebnisse müssen im Lernprozess aufgegriffen und zu Erfahrungen verarbeitet werden. Gelingt dieser Prozess im Rahmen einer interaktiven Auseinandersetzung im Unterricht, wird es möglich, dass sich der Schüler als identisches Subjekt im Lernprozess erlebt.

So kann man der Überschrift *Wann machen Sie wieder Frontalunterricht (FAZ,* 14.01.2016, S. 6) nur zustimmen, wo verdeutlicht wird, dass moderne Methoden des Unterrichts nicht zwingend dessen Qualität steigern müssen. Von jeher zeichnete sich ein an den

Lehr- und Lernbedingungen der Klasse orientierter Unterricht dadurch aus, dass er durch Methodenvielfalt geprägt war und dies auch sein sollte. Das gilt für Frontalunterricht ebenso wie für gruppenorientierte Unterrichtsformen. Nach wie vor qualifiziert sich eine Lehrkraft und gewinnt Anerkennung bei Schülern und Eltern dadurch, dass von ihr die geistige Führung und Lenkung des Unterrichts wahrgenommen wird. Der Satz *Müssen wir heute schon wieder machen was wir wollen?* deutet darauf hin, dass jedweder Schüler (auch derjenige, der den Anschein erweckt, an nichts interessiert zu sein), wenn er schon der Schulpflicht Folge leisten muss, nicht frei von Erwartungen ist. Vor diesem Hintergrund obliegt es der Lehrkraft, sofern sie über die professionelle Kompetenz verfügt, den Unterricht fachlich, didaktisch und methodisch so zu gestalten und den Lehr- und Lernprozess so zu strukturieren, dass Lernen möglich und erfolgreich ist.

Wenn Schüler erleben, dass ihnen eine identische Lehrerpersönlichkeit gegenübertritt, die authentisch und glaubhaft für das steht, was sie zu vermitteln beabsichtigt, dann ist die Methode des Lernens auf die ihr zukommende dienende Rolle verwiesen, aber um so mehr ist die Persönlichkeit des Pädagogen gefordert. Dieses geht ohne zusätzliche Mittel und ohne Schulreform, jedoch nicht ohne motivierte, leidenschaftliche und kreative Lehrkräfte.

Somit gilt das, was Erziehung ausmacht seit Jahrhunderten, bedarf nicht stets neuer Begrifflichkeiten, sozusagen *neuen Weins in alten Schläuchen*. Schon Rousseau hat in *Emile oder über die Erziehung* (J. J. Rousseau, Reclam 1963, S. 109 ff.) im Jahr 1762 verdeutlicht, dass wir als Menschen, die schwach geboren werden, der Erziehung bedürfen. Dazu zählt auch die Erziehung durch die Menschen, die uns den Gebrauch der Dinge lehren, ebenso wie die eigene Erfahrungen mit den Gegenständen dazu führen, Erfahrungen mit und über die Gegenstände zu erlangen. Vergegenständlicht auf die heutige Situation könnte man hier von *Erfahrungslernen* sprechen, das im Prozess der Erziehung zu heben ist und sozusagen als *fruchtbarer Moment* den Bildungsprozess prägen sollte.

Prozess der Erfahrungsbildung beim Jugendlichen

Es ist keine neue Erkenntnis, dass dieser Prozess nicht widerspruchsfrei und logisch abläuft. Ob und wie Jugendliche Situationen erleben, ob und wie sie Erfahrungen verarbeiten, welche Begriffe sie dabei verwenden und in welcher Weise sie die dahinterstehenden gesellschaftlichen Bedingungen reflektieren, hängt von den Vorbedingungen ab, die ihren Ursprung im Sozialisationsprozess haben.

Verdeutlichen möchte ich dies am Beispiel der eigenen Biografie: Nach einer Berufsausbildung sowie einer zweijährigen Angestelltentätigkeit beschloss ich, bedingt durch die schlechte Arbeitsmarktlage an meinem Wohnort, mich nach einer Tätigkeit im Rhein-Main-Gebiet umzusehen. Die dortige Stelle als technischer Angestellter brachte es mit sich, dass ich überwiegend mit Akademikern zu tun hatte, vor denen ein breites Spektrum beruflicher Entwicklungsmöglichkeiten lag. Demgegenüber war meine Tätigkeit klar abgegrenzt und bot wenig Raum für eine berufliche Weiterentwicklung. Der Gedanke, mit 22 Jahren das Ende meines beruflichen Weges vor Augen zu haben, motivierte mich zur Weiterbildung. Ich erwarb den mittleren Bildungsabschluss über eine *Nichtschülerprüfung,* womit seinerzeit die Zulassung zum Studium an einer höheren Wirtschaftsfachschule (heute Fachhochschule) möglich war. Ferner besuchte ich kaufmännische Fortbildungskurse sowie Sprachkurse mit dem Ziel, mir weitere berufliche Möglichkeiten zu eröffnen.

Was illustriert das Beispiel mit Blick auf die hier zu erörternde Fragestellung?

Während der Zeit meiner betrieblichen Praxis wurde mir klar, dass in der von mir gewählten Industriesparte ohne weitergehende Qualifikation oder ein Hochschulstudium nur eine Tätigkeit als Sachbearbeiter die berufliche Perspektive war. Die soziale Situation, die ich erlebte und in der ich mich befand, bestärkte den Entschluss, mich weiterzuqualifizieren. Beruflicher Ehrgeiz und der Wunsch nach einem höheren sozialen Status ließen mich den Schritt wagen, über den zweiten Bildungsweg ein Studium zu beginnen.

Aus heutiger Sicht bin ich mir sicher, dass ich ohne die Tätigkeit in dieser Industriesparte den zweiten Bildungsweg mit dem Ziel der Höherqualifikation nicht eingeschlagen hätte. Außerdem kam mir die damalige bildungspolitische Situation zugute, die in den beginnenden 70er-Jahren noch nachhaltig durch die Auswirkungen des *Sputnik-Schocks* geprägt waren. Letzterer veranlasste die bundesrepublikanischen Bildungspolitiker, die Hochschulen für Absolventen des zweiten Bildungsweges zu öffnen.

Wegmarken zur Erfahrungsbildung

Ich fasse zusammen und kehre zur Ausgangsfrage der Erfahrungsbildung zurück:

Es ist festzuhalten, dass die Fragen, ob und wie wir welche Situationen erleben, ob und wie wir sie zu Erfahrungen verarbeiten, welche Begriffe wir dabei verwenden und in welcher Weise wir die gesellschaftlichen Bedingungen reflektieren, für Erfahrungsbildung wesentlich sind. Alle diese Aspekte werden nicht nur durch die Situationen, Objekte und Personen beeinflusst, die uns in spezifischen Lebenszusammenhängen begegnen, sondern hängen auch und vor allem von den psychischen und physischen Möglichkeiten ab, die Ergebnisse eines gesellschaftlich determinierten Sozialisationsprozesses sind.

Diese Bedingungsvielfalt, die darüber entscheidet, ob Erlebnisse zu Erfahrungen verarbeitet werden, konfrontiert das Individuum auf dem Weg der Persönlichkeitsentwicklung mit Fragen, deren Beantwortung – stellt es sich diesem Prozess – zu leisten ist.

Exemplarische Fragen zur Erfahrungsbildung können sein:
* Kann ich widersprüchliche Erfahrungen zulassen?
* Wird mein Selbstwertgefühl nicht zu sehr infrage gestellt?
* Kann ich ambivalente Gefühle ertragen?
* Kann ich mich aktiv mit der erlebten Situation auseinandersetzen?
* Neige ich dazu, in Fantasien und Träume zu flüchten, um der bewussten Verarbeitung zu entkommen?
* Steht mir ein begriffliches Instrumentarium zur Verfügung, das es mir ermöglicht, Zusammenhänge zu entdecken?
* Bin ich offen genug, mich selbst wahrzunehmen und auf meine Empfindungen und Regungen zu achten?

Zu den subjektiv empfundenen Blockaden, die das aktive Erfahrungslernen des Einzelnen behindern, treten überdies unter Umständen gesellschaftliche Gegebenheiten, die solche Lernprozesse erschweren (vgl. Ziehe, *Kopf*, S. 13).

Erfahrungslernen und gesellschaftliche Bedingtheit

Hier ist die Frage aufzuwerfen, wie das Verhältnis zwischen gesellschaftlichen Entwicklungen und Persönlichkeitsstrukturen ist und welche Bedingungsgrößen hierbei mit beeinflussend sind.

Diese Fragestellung soll hier nur unter dem Blickwinkel der Organisation von Lernprozessen erörtert werden. Dabei gehe ich davon aus, dass vor allem die physisch und psychisch geprägte Persönlichkeitsstruktur darüber entscheidet, wie wir unsere Bedürfnisse wahrnehmen und entwickeln, auf die Umwelt reagieren und Erfahrungen machen.

Es geht darum, *die Energien der Gesellschaftsmitglieder so zu formen, dass ihr Verhalten nicht der bewussten Entscheidung überlassen bleibt, ob sie dem sozialen Vorbild folgen sollen oder nicht, sondern dass sie so handeln wollen, wie sie sollen.* (Fromm, *Illusionen*, S. 91)

Jedoch scheint die Bildung von Persönlichkeitsstrukturen – wie Ziehe ausführt – im Gang der kulturellen Entwicklung hochindustriell-kapitalistischer Gesellschaften immer komplizierter zu werden. Die fortschreitende umwälzende Vergesellschaftung von Lebensbereichen, bis hin zur Vergesellschaftung psychischer Strukturen, setzt paradoxerweise nicht eine Vereinheitlichung von Subjekt- und Objektwelt in Gang, sondern produziert eine immer neue und tief reichende Unterschiedlichkeit. Führt im Gange der abendländischen Entwicklung [...] das Zerbrechen des kurzgeschlossenen Zusammenhalts von Körperlichkeit, Affekten und Handlungen erst zur Ausbildung dessen, was dann als *Subjektivität* (Ziehe, *Lernen*, S. 34) bezeichnet wird, so geht dieser Prozess des Auseinandertretens vormals zusammenhängender Subjekt/Objektbeziehungen in der Gegenwart weiter: *Das Selbst und das Ich treten auseinander [...] das Innenleben und die Gegenstandswelt, die Gegenstände und die Gegenstandsbedeutungen* (Ziehe, *Lernen*, S. 34) verlieren ihren Zusammenhalt. *Die fortschreitende Vergesellschaftung erzeugt selbst fortschreitende Verselbstständigung* (Ziehe, *Lernen*, S. 34).
Dabei sind folgende Tendenzen beobachtbar (vgl. Ziehe, *Lernen*, S. 34): Immer mehr Bereiche des gesellschaftlichen Lebens werden

nach zweckrationalen Gesichtspunkten durchorganisiert. Die Arbeitsteilung, die Zerstückelung der Arbeitszeit, neue Technologien (z. B. *Internet der Dinge, Industrie 4.0*), die Formalisierung der Beziehungen zu Gegenständen und Personen, die Isolierung und Perfektionierung von Funktions- und Raumeinheiten u. a. m. haben inzwischen die Wohnkultur, die Schule, den Freizeitbereich, die medizinische und soziale Versorgung durchdrungen und zwingen die Menschen immer mehr, auf die unmittelbare Befriedigung sozialer Bedürfnisse zu verzichten und sich einem System von Sachzwängen zu unterwerfen bzw. nach Kompensationsmöglichkeiten zu suchen.

Die Vergesellschaftung der Subjektivität, d. h. die ökonomische Verwertung auch der psychischen Strukturen hat dazu geführt, dass *die Entwicklung materieller Bedürfnisse, die Vorstellungen von legitimer Glückserfüllung, die ganzen Wünsche, Ansprüche und Erwartungen, die sich an die Entfaltung eigener Subjektivität richten, [...] geschichtlich noch nie so weitreichend, so ambitioniert, so verletzlich* (Ziehe, *Lernen*, S. 35) gewesen sein dürften wie heute.

Da nun aber die Glückserwartungen immer weniger Chancen haben tatsächlich erfüllt zu werden, müssen sie sich immer wieder den Trivialmythen des Alltags zuwenden und sich mit den Versprechungen der Konsumgüter- und Kulturindustrie identifizieren. Diese Identifikation lässt jedoch – so hat es den Anschein – die Kluft zwischen den wirklichen Bedürfnissen und den Befriedigungsmöglichkeiten nur noch größer werden.

Damit nun das Individuum diese widersprüchlichen Entwicklungen psychisch verkraftet, sind Sozialisationsprozesse notwendig, die es begünstigen, entsprechende Persönlichkeitsstrukturen zu formen. Fromm hat auf eine Reihe von psychischen Dispositionen hingewiesen, die sich zunehmend durchzusetzen scheinen (z. B. Entfremdung, Lieblosigkeit, Zerstörungssucht) und einen Sozialcharakter bilden,

der den gegenwärtigen gesellschaftlichen Entwicklungen im Spätka-
pitalismus entspricht (vgl. Fromm, *Der moderne Mensch*, S. 76).

Bildungspolitik als Reformschaukel

Aus diesem Blickwinkel ist die Reformschaukel, die kennzeichnend
für sogenannte *bildungspolitische Reformen* ist, kontraproduktiv.
Derjenige, der einen Acker permanent umpflügt, kann nichts ernten.
Vor diesem Hintergrund ist das Werkeln an Schulstrukturen kein
zielführendes Unterfangen. Ebenso wenig die Vielfalt der Begrifflichkeiten für ein und dasselbe. Prekär wird es spätestens dann,
wenn ein Schulwechsel in ein anderes Bundesland ansteht.
Doch selbst im jeweils eigenen Bundesland verwirrt die begriffliche
Vielfalt mehr, als sie aufklärt. In der Mittelstufe in Rheinland-Pfalz
gab es zu Spitzenzeiten z. B. Hauptschule, Realschule, Gesamtschu-
le in integrierter und verbundener Form, regionale Schule, duale
Oberschule, das Gymnasium und an der Berufsschule die Berufsfachschule. Wen verwundert es, wenn hier die Eltern fassungslos
vor der Schulwahl stehen. Oft kennen nicht einmal die Lehrkräfte
die Differenzierungen, wie soll dann eine fundierte Schullaufbahnberatung erfolgen?

Nun gab es, nicht zuletzt auch durch die Diskussion um die Hauptschule, erneut Veränderungen in der Schulstruktur. Obgleich, bezogen auf das Leistungsvermögen, der Hauptschüler nicht ausgestor-
ben, er folglich *vom Umtausch ausgeschlossen* ist, findet er sich
z. B. in Rheinland-Pfalz, aber auch in anderen Bundesländern, in
der Realschule wieder. Um diese Schulform, in die dadurch neue
Problem eingezogen sind, sowohl für die Eltern aber auch die Lehrkräfte interessant – oder anders ausgedrückt *erträglich* – zu machen,

wurde die *Realschule plus* kreiert, eine Schulform, an der nicht nur der mittlere Bildungsabschluss, sondern bei Eignung auch die Fachhochschulreife erlangt werden kann. Mit dieser *aufgewerteten Verpackung* hoffte man den Schulfrieden bewahren zu können, mit dem zweifelhaften Ergebnis, dass noch mehr Eltern ihre Kinder zu den Gymnasien lenken und eine Doppelung des Bildungsangebotes mit dieser Einführung einhergeht, denn an der Berufsschule gab es von jeher die Möglichkeit, die Fachhochschulreife nach dem mittleren Bildungsabschluss erwerben zu können, dies sogar doppelqualifizierend im Rahmen einer Assistentenausbildung unter Anrechnung der erworbenen Qualifikation auf eine duale Berufsausbildung.

Ein beredtes Beispiel ist auch die Diskussion um die Gymnasialstruktur. Die Diskussion um G 8 oder G 9 ebbt nicht ab. Ohne hier auf die vielfältigen Aspekte einzugehen, zeigt sich auch in dieser Entwicklung, dass es zugeht wie bei der *Echternacher Springprozession*, nur mit dem Unterschied, dass die dortigen Teilnehmer letztlich zum Ziel kommen. So führte z. B. Rheinland-Pfalz ab dem Schuljahr 1999/2000 als einziges Bundesland das Abitur nach 12,5 Jahren ein. Wie immer, wenn vermeintliche Reformen verkündet werden, erfolgt dieses mit positiven Botschaften. Eine davon war, dass der Zugang zum Studium bereits im Sommersemester für die Absolventinnen und Absolventen möglich sei. Doch nicht für jeden Studiengang und erst recht nicht an jeder Hochschule erfolgt der Studienbeginn zum Sommersemester. Die Folge war das zweifelhafte Ergebnis, dass der unmittelbare Übertritt sich für viele als Leerlauf herausstellte, eine Zeit, die nur schwerlich konstruktiv zu überbrücken war, da gerade in den Sommermonaten die Nachfrage nach Praktika groß ist und sich damit die Möglichkeiten zu sinnhafter Tätigkeit bzw. Beschäftigung begrenzte.

So lässt sich an der Diskussion um G 8 und G 9 zeigen, dass es vonseiten der Bildungspolitiker oft nicht um das geht, was öffentlich vertreten wird. Es ging nicht um eine bessere Gesamtstruktur, die mit der Reform propagiert wurde – die Pädagogik trat vielmehr zugunsten der Verjüngung der Absolventen in den Hintergrund. Das erklärt auch die breite Zustimmung der Wirtschaftsverbände zu G 8: Statt eine fundierte Reform der Curricula als Grundlage für die Einführung von G 8 vorzusehen, wurden Lehrinhalte oft nur von oben nach unten verschoben und damit unterschiedlich auf die Jahrgangsstufen verteilt. Die Chance, die frei werdenden Ressourcen durch die Schulzeitverkürzung für pädagogische Reformen zu nutzen, fiel meist dem Rotstift der Finanzministerien zum Opfer. Gerade hier wäre über Ganztagsangebote, Hausaufgabenbetreuung, Möglichkeiten der Binnendifferenzierung im Unterricht, zusätzliche Betreuungs-, Stütz- und Förderangebote ein Qualitätssprung möglich gewesen. Die Chance, eine seit annähernd zehn Jahre währende Debatte damit ins Positive zu wenden, wurde vertan. Eine eingeleitete Reform wurde stückweise der Beliebigkeit der Machtverhältnisse vor Ort (Elternwille, Schulstruktur vor Ort, Schulentscheidung) mit dem Teilergebnis überlassen, dass jedes Bundesland seinen eigenen Weg geht, bis hin zu *zurück zu alten Ufern*. Wohl denen, die keine schulpflichtigen Kinder in den Gymnasien haben und vor einem Wechsel in ein anderes Bundesland stehen.

Hans Maier stimmt zu (*FAZ* 15.09.2014, S. 6 Nr. 214), wenn er darauf verweist, dass die *Dienlichkeit für das Leben*, die Schule zu erbringen hat, sich stets in einem Spannungsverhältnis bewegt. Wird Schule in den Dienst der Zukunft gestellt, bis hin zu dem Verlust des pädagogischen Eigenrechts, dann geht es um messbaren Ertrag. Ein Ertrag, den *PISA* glaubt vorgeben und damit ermitteln zu können. Doch sollte nicht vergessen werden, dass lange bevor es die

Schule als Pflicht gab, eine Schule der Muße existierte, ein Bündnis von Lehrenden und Lernenden, von Jüngeren und Älteren, sozusagen als Gemeinschaft der Wissbegierigen.

Mit dem Paradigmenwechsel hin zur funktionalen Schule wechselt die Sichtweise. Schule wird nicht mehr pädagogisch, sondern gesellschaftspolitisch betrachtet. Sie wird verantwortlich gemacht für den sozialen Aufstieg oder Abstieg; dieses auf der Grundlage von rechtlichen Regelungen (Schulgesetz; Verwaltungsvorschriften), die vor verwaltungsrechtlichen Auseinandersetzungen bestand haben müssen. Damit bewegt sich Schule auf dem Pfad der Zuteilungsapparatur, der Einrichtung, die Chancen ermöglicht und verwehrt, deren Gegenwartsgewicht gering ist, da erworbene Abschlüsse sich erst in der Zukunft als tragfähig und bedeutsam herausstellen.

In diesem abstiegsorientierten System, das nach dem Elternwillen möglichst auf dem *Königsweg Gymnasium* beschritten werden sollte, orientiert sich die Schulpolitik zunehmend durch Bildungsvergleiche sowohl der *OECD-* als auch der *PISA*-Ergebnisse. Getreu dem Motto: *Was erbringt Schule für die berufliche und soziale Entfaltung, den Aufstieg, die Stellung in der Gesellschaft, das Lebenszeiteinkommen?* Dabei gerät die Gegenwart zunehmend weniger in den Fokus, doch ginge es gerade um diese, denn der Nutzen einer qualifizierten Bildung – auch derjenigen, die sich in diesem Land integrieren sollen und wollen – wird die zukünftigen Generationen ent- oder belastend beschäftigen.

Schule, ein zeitlich begrenzter Lebensraum

Wie bei der Ich-Entwicklung bereits angedeutet ist es wichtig, Schule auch im Hier und Jetzt in den Blick zu nehmen, Schule als zeitlich begrenzten Lebensraum zu betrachten. Die Begegnung mit

Mitschülern, mit Lehrkräften die fördern und fordern, sind unwiederbringliche Erfahrungen und pädagogische Augenblicke, die je nach Situation anziehend, motivierend, langweilig, furchterregend aber meist unvergesslich sein können.

Eine Schule, die pädagogisches Handeln allzu sehr mit dem Zukunftsaspekt verbindet, löst das Bündnis der *Paideia* auf, das frei zwischen Erziehern und den Zöglingen gewählt ist. Mit dieser Auflösung des Bündnisses zwischen Lehrer und Schüler wird die pädagogische Handlung, der fruchtbare Moment im Bildungsprozess (F. Copei) zu einer funktionalen Sache, die in ihrer zweckrationalen Prägung darauf zielt, die perfekte Ausrichtung junger Menschen für die Abläufe des Lebens zu gewährleisten. In dieser Schule sind menschliche Schicksale Störgrößen, die ggf. der Schulverwaltung und damit der Schulaufsicht Ärger bereiten, da sie in einem System der Berechenbarkeit aufgrund geregelter Vorschriften unberechenbar sind. Auf sie wird dann mit Ordnungsmaßnahmen bis hin zum Schulverweis reagiert, sofern dieses rechtlich möglich ist.

Eine so strukturierte *Schule* büßt den Umgang ein, obgleich doch alle Erziehung Umgang bedingt. Schule erfordert Interaktion, sei es im sozialen Umgang, in der intellektuellen Auseinandersetzung, im dialogischen Miteinander oder in der Einübung von Denk- und Urteilsfähigkeit sowie dem rationalen Diskurs innerhalb der eigenen sowie gegenüber anderen Kulturen. Eine Schule, die sich dem Auftrag entzieht – insbesondere vor dem Hintergrund sich verändernder, zum Teil verstummender Elternhäuser –, das Weltverständnis und das Leben in seiner vielfältigen Ausprägung in den Köpfen junger Menschen zu einem Ganzen zu ordnen, verfehlt ihre gesellschaftliche Verantwortung und den Bildungsauftrag.

Vor diesem Hintergrund ist vor dem Wahn, alles sei machbar, zu warnen, der im Bereich der Bildung unentwegt Machbarkeit suggeriert. Der Glaube, alles sei jederzeit möglich, und zwar ohne dafür

einen Preis entrichten zu müssen, weckt unerfüllbare Erwartungen.
Die Tradition der Zuweisung der Schuld auf andere reicht in der Bibel bis zu Adam und Eva zurück: Adam wälzte die Verantwortung auf Eva ab, diese wiederum auf die Schlange. Auch uns droht ständig die Vertreibung aus der eigenen Illusionsglocke, unter der wir es uns bequem gemacht haben. Doch egal wie raffiniert die Selbsttäuschungsversuche sein mögen, Realitätsverweigerung klappt nie dauerhaft, irgendwann stößt sie an Grenzen, zumal das Abschieben von Verantwortung kindlich ist. Jedoch ist es ein Verhalten, dass mehr und mehr gesellschaftsfähig zu sein scheint. Doch wer sich sein Denken durch irrwitzige Machbarkeitsparolen vernebeln lässt, steigert gleichzeitig das Potenzial der Enttäuschung ins Unermessliche.

Überbietungswettbewerb in der (Schul-)Bildung

Man kann beobachten, dass viele besorgte Eltern zu immer aufwendigeren Mitteln greifen, um die Zukunft ihrer Kinder zu sichern: Frühförderung, Elitekindergärten, Privatschulen, Auslandsaufenthalte, Nachhilfe. Doch ist zu bedenken: Wenn immer mehr Menschen in immer höhere Bildung investieren, werden herkömmliche Bildungseinrichtungen und Bildungszertifikate entwertet.
Es findet ein Überbietungswettbewerb statt: Wir können auf so viele Lehrlinge zurückgreifen, wir nehmen jetzt nur noch die mit Abitur, dann landen Realschulabsolventen in ungelernten Jobs, und die Hauptschüler kriegen gar keinen – ganz zu schweigen von denjenigen, die aus anderen Kulturkreisen mit keiner oder geringer Schulbildung kommen. Alles rutscht eine Stufe tiefer, weil die Spitze immer exzellenter wird.
Oder die Elite-Universitäten: Die Ehrgeizigen zieht es dorthin, die übrigen Universitäten werden zu zweitklassigen Bildungsanstalten

herabgestuft, doch die Berufsaussichten für den Einzelnen werden dabei nicht besser. Man muss ständig aufrüsten, hat aber am Ende nichts davon. Eine dieser Wahnideen ist unter anderem die durch den *Bologna-Prozess* eingeleitete Entwicklung an den Fachhochschulen, nahezu permanent neue Studienangebote zu kreieren. Immer mehr Differenzierungen entstehen in neuen, mit dem Gütesiegel der Akkreditierung versehenen Fachrichtungen, deren Verwertbarkeit am Arbeitsmarkt in Zweifel zu ziehen ist. Vor lauter *scheinbaren Spezialisierungen* erwachsen hieraus Absolventinnen und Absolventen, deren Tätigkeitsfeld winzig ist, da ihre Qualifikation in der Wirtschaft nur begrenzt nachgefragt wird. Jeder, der sich auf dieses Wettbewerbsspiel einlässt, sollte sich bewusst sein, dass er dazu beiträgt, dass diese Strukturen reproduziert werden, man nicht nur Mitspieler, sondern auch Mittäter ist.

Wie fragwürdig dieses Wettbewerbsspiel ist, zeigt die Debatte über den Fachkräftebedarf. Während gut ausgebildete und teilweise hoch qualifizierte Fachkräfte keine Stelle finden, beklagt die Wirtschaft immer lauter den Fachkräftemangel. Stellen, so die Verlautbarungen, seien immer schwerer zu besetzen. Andererseits ist feststellbar, dass gut ausgebildete Fachkräfte Bewerbungen über Bewerbungen schreiben und das erfolglos. Hier zeigt sich ein zentrales Problem auf dem Arbeitskräftemarkt, nämlich dass gut ausgebildete, qualifizierte Fachkräfte nur geringe oder gar keine Chancen haben, wenn der Lebenslaufs nicht mit den Anforderungsprofilen in Einklang steht, die die Unternehmen erwarten.

Wie in der *FAZ* vom 14. Juli 2014 zu lesen ist, verfügt zum Beispiel jeder zweite der circa 76.000 Arbeitslosen in Hamburg über eine qualifizierte Ausbildung als Fachkraft. Dieses sollte und darf nicht aus dem Blick verloren werden, wenn Firmen permanent über Fachkräftemangel klagen.

Vor diesem Hintergrund ist der Aussage kritisch zu begegnen, dass in Deutschland ein Fachkräftemangel herrscht. Hier ist es vielmehr aus meiner Sicht notwendig, dass man die *Eier legende Wollmilchsau* erst gar nicht sucht, da man sie nicht finden wird. Ein zielführender Weg wäre stattdessen, sich am Markt die Bewerberinnen und Bewerber genau anzusehen, um dann eine Auswahl unter Marktgegebenheiten zu treffen. Hierbei ist es arbeitsmarktpolitisch und volkswirtschaftlich zielführender, betriebliche Anpassungsfortbildung vorzunehmen, damit die neu eingestellten Mitarbeiter zügig im Hinblick auf die spezifischen Anforderungen der zu besetzende Stelle qualifiziert werden. Diese Maßnahmen sind in jedem Fall günstiger, als auf eine passgenaue Besetzung zu warten, die der Arbeitsmarkt nicht hergibt.

Auch der Berufsbildungsbericht 2015 weist erneut aus, dass die Zahl der jungen Erwachsenen ohne Berufsabschluss zwar weiter zurückgegangen ist, aber immerhin noch über zehn Prozent liegt! Interessant ist in diesem Zusammenhang die Pressemeldung des BMBF (BMBF, Pressemeldung 153/2015) in der von rund zwei Millionen jungen Erwachsenen gesprochen wird, die zwischen 20 und 34 Jahre alt sind und im Jahr 2012 über keine formalen beruflichen Qualifikationen verfügten. Ein statistischer Wert, der noch nicht die zusätzlichen Probleme, die sich aus der Zuwanderungs- und Migrantenproblematik der Jahre 2015 und 2016 ergeben, erfasst. Ohne aufwendig eine Parallelwelt von Regelwerken zu schaffen, sollte man sich professionell und undogmatisch dieser Problematik der 20 – 34-Jährigen annehmen. Orientiert an bestehenden Berufen wäre dieser Personenkreis dahin gehend zu überprüfen, inwieweit Kompetenzen vorhanden sind, die gleichwertig oder anrechenbar im Hinblick auf anzustrebende Berufsabschlüsse wären.

Ein Schritt könnte sein, eine Eignungsfeststellung, z. B. in einer überbetrieblichen Einrichtung durchzuführen, um Kompetenzen zu eruieren und diese auf eine Berufsausbildung anzurechnen. Dazu könnte man, wie in den Kapiteln 7 und 8 skizziert wird, die Ausbildung modular strukturieren und Kompetenzen, sofern diese vorhanden sind, anrechnen. Auf der bereits vorhandenen Basis wären dann die fehlenden dualen Ausbildungsbausteine zu erwerben, die zu einem Abschluss auf der Grundlage einer geltenden Ausbildungsordnung führen.

Folglich ist Handlung gefragt, um auf den erwarteten zunehmenden Mangel an Fachpersonal zu reagieren. Durch passgenaue Qualifizierungsmaßnahmen stünde hier zeitnah ein Arbeitskräftereservoire zur Verfügung, das dem Arbeitsmarkt zugeführt werden könnte. Wenn es Passungsprobleme auf dem Ausbildungs- und Arbeitsstellenmarkt gibt, dann sollte diesen mit kreativen Lösungen begegnet werden. Was hindert z. B. die bayerische Industrie- und Handelskammer (*FAZ* 22.08.2015, Nr. 194, S. 22) daran, Impulse für Mobilität zu setzen. Schließlich ist zu erwarten, dass diejenigen, die unversorgt und Ausbildungsstellen suchend sind, über eine schulische Qualifizierung verfügen, die den Eintritt in das Duale System ohne nennenswerte Stütz- und Fördermaßnahmen möglich machen.
Statt über Ungleichgewichte auf dem Ausbildungsstellenmarkt zu klagen und dieses in diversen Pressemeldungen, sei es über die Kammerorganisationen oder über Innungen kundzutun, wäre es viel sinnvoller, offensiv das Duale System, die Vielfalt der Berufe, die Gleichwertigkeit zwischen allgemeiner und beruflicher Bildung, den Zusammenhang mit dem *Europäischen Qualifikationsrahmen* (EQR) und vieles mehr so herauszustellen, dass daraus eine positive, aufklärende und motivierende Botschaft wird. Schließlich finanzieren die Pflichtbeiträge der Betriebe die Kammern, also sollte sich

logischerweise im Bereich der Nachwuchssicherung hierauf ein Schwerpunkt der Kammertätigkeit richten. Polemisch ausgedrückt könnte überlegt werden, die Vergütung der Hauptgeschäftsführer auf dieses Ziel erfolgswirksam auszurichten. Vielleicht ergäben sich hieraus erfolgsversprechende Aktivitäten, zumal mir in meiner beruflichen Praxis kein Jugendlicher begegnet ist, der nicht aufgeschlossen für eine fundierte Berufswahlentscheidung war.

Damit würde sich auch die Fachkräftedebatte erübrigen, denn unter den über eine Million nicht Qualifizierten unter 25 Jahren (vgl. *Berufsbildungsbericht*), müssten sich viele befinden, die durch eine gezielte Qualifikation unter Einbringung bereits erworbener Kompetenzen, seien sie formell oder informell, zu einem qualifizierten Berufsabschluss geführt werden könnten. Dies zu tun wäre zielführender, als die aktuelle Migrantendebatte mit dem einhergehenden und notwendigen Erwerb der deutschen Sprache als Lösung des Fachkräftebedarfs herauszustellen, da die hier erforderliche Qualifizierung eine Generationenaufgabe ist; es sei denn, man speckt Berufsbilder ab, doch dies kann ja wohl – vor dem Hintergrund des Standortes Deutschland – nicht gewollt sein.

3. Bildungstheoretische Ortsbestimmung

Bildung benötigt unter anderem Kontinuität, sollte in den Strukturen langfristig ausgerichtet sein und eine klare Zielperspektive haben. Demgegenüber kann man den Eindruck gewinnen, dass Schule nahezu permanent reformiert wird. Ein Indiz dafür sind die steten Reformen der Schulgesetze der Länder, die spätestens nach der Neukonstituierung eines Landtages in Angriff genommen werden, da jede neue Regierung meint, an der bildungspolitischen Schraube drehen zu müssen. Oftmals entstehen dann Bildungsgänge, die bezogen auf die Situation vor der vermeintlichen Reform nahezu inhaltsgleich, was die Abschlüsse betrifft, aber dafür wortgewaltig sind. So (die Wiederholung sei erlaubt) z. B. die *Realschule plus* in Rheinland-Pfalz, die zu nichts anderem als dem mittleren Bildungsabschluss führt. Das vermeintliche *Plus* stellt die Möglichkeit der Erlangung der Fachhochschulreife dar, ein Bildungsgang, den es traditionell von jeher an Berufsschulen gab. Oder die *Werkrealschule* in Baden-Württemberg: sie führt zum Haupt- bzw. Realschulabschluss (mittlere Reife). Hier soll offenbar mit dem Wort *Werk* signalisiert werden, dass mit der Berufsschule kooperiert wird, denn dort findet der Unterricht an zwei Unterrichtstagen pro Woche statt. Letztlich hat die berufliche Tätigkeit im weitesten Sinn mit der Erstellung eines Werkes zu tun, vielleicht ist dies der begründende Zusammenhang für diese Schulformbezeichnung.

So kann man sich des Eindrucks nicht erwehren, dass ähnlich wie in manchen Konzernen, wo eine Organisationsreform die andere ablöst, es sich analog mit den Schulgesetznovellierungen verhält. Jedoch auch hier gilt: *Wer einen Acker permanent umpflügt, kann nie ernten.* Diese Tatsache ist unumstößlich.

Eine weitere Tatsache ist, dass Schülerinnen und Schüler vom Umtausch ausgeschlossen sind. Da es keine anderen Jugendlichen gibt als diejenigen, die sich in der Schule befinden, bedarf es heute und zukünftig einer Schule, die die *Identität* der Jugendlichen stärkt und sie dort abholt, wo sie stehen – dies verbunden mit dem Ziel, der bestmögliche Entwicklung im Sinne der persönlichen Gestaltung und Entfaltung sowie Wissensanreicherung jedes Einzelnen. Das erfordert sowohl organisatorische, schulbauliche als auch pädagogisch-fachliche und inhaltliche (curriculare) Maßnahmen, die darauf ausgerichtet sind, die Persönlichkeit zu stärken.

Jugendlichen in der jeweils spezifischen Entwicklungs- und Bildungsphase den Selbstwert zu vermitteln, der unabhängig von spezifischen Leistungsanforderungen der jeweiligen Klasse, den individuellen Wert des Einzelnen herausstellt, ist ein weiteres Ziel. Gleichwertig neben dieser Stärkung des Selbstwertes, steht die fachliche und inhaltliche Dimension mit dem Ziel, Qualifikationen zu erlangen, die sowohl die fachliche, personale als auch kommunikative Dimension umfassen.

Neben der Stärkung der Identität oder dem Erleben, dass das mitgebrachte Ich im Lehr-/Lernprozess bedeutsam ist (vgl. Berg, H. J., *Entwicklung einer Schulklasse zur Gruppe*), stellen die Fähigkeit Bindungen einzugehen, wie bereits in Kapitel 2 ausgeführt, sowie die Selbstachtsamkeit eine Leitlinie pädagogischen und damit erzieherischen Handelns dar.

Diese persönlichkeitsstärkenden Elemente sollten ein Teilaspekt des beruflichen Unterrichts und damit der beruflichen Qualifizierung sein, da diese Prozesse zur erwarteten Selbst-, Sach- und Sozialkompetenz als zukünftiger Arbeitnehmer beitragen.

Bezogen auf die kommunikative Dimension versteht es sich von selbst, einen hierauf ausgerichteten Unterricht zu planen und umzusetzen. Was die sachliche Ausstattung betrifft, sollte die Schule in ihren organisatorischen Strukturen und baulichen Gegebenheiten (Farb- und Raumgestaltung, Service- und Sanitärbereich) so gestaltet sein, dass Lernen begünstigt wird. Meist kommt es nicht auf die Nutzung einer noch so modernen und scheinbar fortschrittlichen Technologie (z. B. interaktives Whiteboard) an, vielmehr ist derjenige Meister, der sein Werkzeug im pädagogischen Werkzeugkasten beherrscht.

Diesen Werkzeugkasten der pädagogischen Vielfalt so einzusetzen, dass er je nach Lerngruppe, je nach spezifischer Besonderheit der Schülerinnen und Schüler und auf der Grundlage einer fundierten Analyse der Lehr- und Lernbedingungen voll zum Tragen kommt, das ist die notwendige Kompetenz. Hierbei sollten nicht wie so häufig Forderungen zur Verbesserung der Schule, wie z. B. die Senkung der Klassengröße oder eine bessere Mittelausstattung in den Fokus rücken. Gefragt sind vielmehr motivierte und engagierte Pädagogen.

Anschaulich wird dieses an dem nachfolgend skizzierten Projekt, doch zuvor eine *bildungstheoretische Ortsbestimmung*.

Bildung zur Persönlichkeit

Diese und ähnliche Fragen mag man sich stellen, wenn man sich Überlegungen zur Persönlichkeitsbildung zuwendet:
- Ist Bildung zur Persönlichkeit, die gebildete Persönlichkeit noch gefragt?
- Sind Überlegungen, die von einem ganzheitlichen Verständnis von Bildung im Sinne von *Menschenbildung* ausgehen, überhaupt sinnvoll und notwendig?

- Hat Berufsschule als dualer Lernort nicht zu qualifizieren statt zu bilden?
- Sind nicht Schlüsselqualifikationen und Kompetenzen für den Arbeitsmarkt gefragt?
- Ist Persönlichkeitsorientierung nicht *neuer Wein in alten Schläuchen*?

Vergegenwärtigt man sich die aktuelle berufsbildungspolitische Diskussion, so gewinnt man den Eindruck, dass Berufsschule, die sich im Spannungsfeld zwischen Ausbildung und Beschäftigung befindet, in einen atemlosen Qualifikationstaumel geraten ist. Es geht darum, scheinbar überflüssigen Ballast abzuwerfen. Insbesondere allgemeinbildende Inhalte, die nicht zuletzt zur Mündigkeit, zur gesellschaftlichen und politischen Teilhabe befähigen, sollten weichen. Den freien Platz besetzt dann zweckorientierte *Lean-Edukation*, die auf die berufliche Verwendung mit enger Orientierung am jeweiligen Berufsbild ausgerichtet ist. Bildung, die letztendlich auf Selbstentfaltung des Subjekts abzielt, ist dann kaum noch eine regulative Idee für pädagogisches Handeln an Berufsschulen.

So produziert der Markt der pädagogischen Begriffe scheinbar beständig neue Fähigkeiten. *Kompetenz* ist das Zauberwort der Bildung. Nicht so sehr das Individuum als Subjekt, sondern das Individuum als Arbeitsressource *ist* unter ökonomischem Kalkül gefragt. Derart konzipierte *Bildung* führt dazu, dass das Subjekt sich Standards zu unterwerfen hat, die sich in vielfältigen Kompetenzbeschreibungen manifestieren. Kurz:, *PISA* lässt grüßen! Wo Bildung Begrenzungen sprengen könnte, setzen funktional ausgerichtete Kompetenzen solch einem Verlangen ein Ende (Kutscha, Günter, *Berufliche Lehr-/Lernprozesse*, bwp-online).

Beschäftigte ohne Eigenschaften?

Das bisher Gesagte deutet bereits an, dass herkömmliche Arbeitnehmertugenden wie *Ordnung, Leistung, Pünktlichkeit, Zuverlässigkeit, Treue* nicht mehr ausreichen, um in der neuen Arbeitswelt bestehen zu können. Vielmehr ist *der schlüsselqualifizierte, selbstständig planende, durchführende und kontrollierende Mitarbeiter* gefragt, der dazu noch *flexibel und mobil* ist. Von diesem verwertungsbezogenen Denken ging Mertens (Mertens, D. *Schlüsselqualifikationen*) seinerzeit nicht aus. Für ihn stand die Fähigkeit im Mittelpunkt, sich neuen Arbeitsanforderungen flexibel zuwenden zu können und sie selbstständig zu bewältigen. Die daraus ableitbaren Qualifikationen beschreiben eine allgemeine berufliche Handlungsfähigkeit wie *Lernbereitschaft, situationsbezogene Erfahrungsfähigkeit, Umstellungsfähigkeit, Rationalität, Problemlösungsfähigkeit* und die Befähigung, sich relativ autonom gegenüber den wechselnden Anforderungen des Arbeitsmarktes zu verhalten.
Damit geht nicht automatisch einher, dass dies der alleinige Schlüssel zum Arbeitsmarkt ist. Die Problematik von Jugendarbeitslosigkeit, die Frage der Passgenauigkeit zwischen Angebot und Nachfrage auf dem Ausbildungsstellenmarkt und die Globalisierung der Arbeitsmärkte zeigen, dass derjenige, der den Schlüssel hat, nicht zwangsläufig auf der beruflichen Erfolgsleiter steht. Der Zusammenhang zwischen immer schneller eingeforderten neuen Qualifikationen, den Veränderungen auf dem Arbeitsmarkt, technologischen Entwicklungen, demografischen Veränderungen, dem Wandel der Tätigkeitsprofile, Akademisierung, Rationalisierungsdruck mit einhergehender Arbeitsverdichtung etc. zeigt, dass es keinen Schlüssel gibt, mit dem sich Arbeitnehmer den Arbeitsmarkt aufschließen können.

Fazit: Die Schlüsselqualifikationen sind als alleinige Bildungskonzeption untauglich, da sie eine zu kurze Reichweite haben!

Qualifiziert und mit beiden Beinen in der Luft

Auch ist die gesellschaftliche Entwicklung dadurch geprägt, dass sich zwischen Ausbildung und Beschäftigung eine risikoreiche Grenze labiler Unterbeschäftigung geschoben hat. Erst über den Weg der *Anpassungserprobung* auf dem Arbeitsmarkt, sozusagen im Vorzimmer der gesicherten Arbeitswelt, muss der Jugendliche beweisen, zu was er nutze ist. Damit ergibt sich die paradoxe Situation, dass es immer unwichtiger wird, was man lernt, es aber immer wichtiger wird, dass man lernt – ein Lernen unter wechselnden Anforderungen mit wechselnden Zielen, sozusagen *lebenslänglich*.

Mit anderen Worten: Wer die marktgängigen Qualifikationen besitzt, ist Sieger auf dem Arbeitsmarkt, wer nicht über sie verfügt, steht fest mit beiden Beinen in der Luft. Folglich muss es ein Ziel der Bildung sein, die Jugendlichen zu befähigen, solche Widersprüche zu erkennen und ihnen konstruktiv gegenüberzutreten. Flexible Anpassung kann nicht das Ziel sein. Bildung zielt auf das Individuum ab, das sein Leben selbstbestimmt und selbstbewusst auf der Grundlage seiner Identität gestaltet. Die Jugendlichen müssen ihr *mitgebrachtes Ich* in den Lernprozess einbringen können. Schule, die hierzu keinen Raum lässt, ist *Ich bedrohend* mit all den Folgen, die hinlänglich aus dem Schulalltag bekannt sind. Derjenige, der sein *mitgebrachtes Ich* nicht ablegen, verdrängen, verleugnen muss, ist offen für erfahrungs- und erlebnisorientiertes Lernen.
Zusammenfassend kann festgehalten werden, dass Bildung, die den Verwertungsaspekt betont, in einer Risikogesellschaft, die mit dem Phänomen der fortschreitenden Globalisierung konfrontiert ist, ins Leere läuft. Jugendliche, insbesondere Problemgruppen (sozial benachteiligte Jugendliche) an Berufsschulen, brauchen stabile Beziehungsmöglichkeiten.

Ortsbestimmung von Bildung

Bildung, die der Aktualität zu viel Raum gewährt, aktuelle Strömungen aufgreift, sich flüchtigen Qualifikationsanforderungen verpflichtet fühlt, um nur einige Aspekte zu nennen, ist flüchtig, dient dem Augenblick und ist geschichts- und damit gesichtslos.
Statt aktuellen Entwicklungen hinterherzulaufen gilt es, im Prozess der Bildung ein umfassendes, auch geschichtlich fundiertes Bewusstsein von wichtigen Problemen der Gegenwart und Zukunft anzubahnen. Hierzu gehört auch die Kompetenz zu lernen wie man Wichtiges von Unwichtigem unterscheidet und sich diesbezüglich positioniert.

Die von Klafki (*Neue Studien zur Bildungstheorie und Didaktik*) angeführten Schlüsselprobleme wie:
* die Frage von Krieg und Frieden,
* der Sinn von Nationalitätsprinzipien in Kultur und Politik,
* die Frage der Umwelt,
* das Wachstum der Weltbevölkerung,
* gesellschaftliche Ungleichheit zwischen sozialen Klassen, Männern und Frauen, behinderten und nicht behinderten Menschen sowie Ausländern und einheimischer Bevölkerung,
* die Gefahren der modernen Steuerungs-, Informations- und Kommunikationsmedien,
* die Ich-Du-Beziehung, Erfahrung der Liebe, der Sexualität, des Verhältnisses der Geschlechter oder gleichgeschlechtlicher Beziehungen,

sind bei der didaktischen Analyse der Lerninhalte in den Blick zu nehmen, um diesen Prozess des Bewusstwerdens im Unterricht Raum zu geben. Sozusagen als Sinn leitende Lernziele sollten die vorgenannten, hier als *Kategorien* definierten *inhaltlichen Prüffragen* im Rahmen der Unterrichtsvorbereitung die didaktische Analyse strukturieren.

Mit anderen Worten, die von Klafki (*Neue Studien zur Bildungstheorie und Didaktik*) in das Zentrum der didaktischen Analyse gestellten Kategorien *Vergangenheits-*, *Gegenwarts-* und *Zukunftsbedeutung* stellen Kriterien dar die, ergänzt um die vorgenannten Schlüsselprobleme, an die als Unterrichtsgegenstand anstehenden Inhalte anzulegen sind, um damit der einseitig ausgerichteten stofflichen Vermittlung ein *reflektorisches Gegenüber* zu präsentieren.

Unter dem Aspekt der *Beruflichkeit* spricht Blankertz in diesem Zusammenhang ebenfalls vom *reflektorischen Moment*, das notwendig ist, um Bildungsinhalte, die ein Lernen im Medium des Berufes intendieren, zu legitimieren. Hiernach sind berufliche Arbeit und Bildung auf die Würde des Menschen hin zu orientieren. Die Grundlage dessen ist im Sittengesetz Immanuel Kants (vgl. Kant, E., *Kritik* ... insbes.: S. 539 ff.) begründet, wonach der Mensch als Zweck, niemals jedoch bloß als Gegenstand oder Mittel behandelt werden soll.

Folgerichtig ist mit dem Anspruch auf Beruflichkeit der Arbeit als universales Prinzip, die praktische Vernunft verknüpft, die darauf abzielt, eine lebenswerte Welt zu schaffen und zu erhalten (Kutscha, G., *bwp-online*, ISSN 1618-8543). Dieses auf Mündigkeit und Emanzipation ausgerichtete Prinzip ist ein immanenter Wertmaßstab, der für den bildungstheoretischen Anspruch auf *Bildung im Medium des Berufs* unverzichtbar ist.

Daraus ergibt sich, dass Lerngegenstände im Bereich der beruflichen Bildung im Rahmen der curricularen Analyse, stets vor dem Hintergrund des Implikationszusammenhanges von Inhalt und Methode zu spiegeln sind.

Betrachtet man unter diesen Aspekten die Schulgesetze der Länder sowie die Vorbemerkungen zu Lehrplänen, so sind die vorgenannten Kategorien als übergeordnete Lernziele dort häufig abgebildet.

So definiert Bayern im Gesetz über das Erziehungs- und Unterrichtswesen, dass die Schulen den in der Verfassung verankerten Bildungs- und Erziehungsauftrag zu verwirklichen haben, der beinhaltet, dass Wissen und Können zu vermitteln sowie Geist und Körper, Herz und Charakter zu bilden sind. Oberste Bildungsziele stellen die Ehrfurcht vor Gott, Achtung vor religiöser Überzeugung, Achtung der Würde des Menschen und die Gleichberechtigung von Männern und Frauen dar. Ferner Selbstbeherrschung, Verantwortungsgefühl und Verantwortungsfreudigkeit, Hilfsbereitschaft, Aufgeschlossenheit für alles Wahre, Gute und Schöne und Verantwortungsbewusstsein für Natur und Umwelt. Die Schülerinnen und Schüler sind im Geist der Demokratie, in der Liebe zur bayerischen Heimat und zum deutschen Volk sowie im Sinne der Völkerversöhnung zu erziehen (vgl. § 1 Gesetz über das Erziehungs- und Unterrichtswesen).

Analoge Formulierungen sind im Schulgesetz von Rheinland-Pfalz zu finden, in dem der Auftrag von Schule nach § 1 des Schulgesetzes das Recht des jungen Menschen auf Förderung seiner Anlagen und Erweiterung seiner Fähigkeiten, unabhängig von seiner Religion, Weltanschauung, Rasse oder ethnischen Herkunft, einer Behinderung, seinem Geschlecht oder seiner sexuellen Identität sowie aus dem Anspruch von Staat und Gesellschaft an Bürgerinnen und Bürger zur Wahrnehmung von Rechten und Übernahme von Pflichten hinreichend vorbereitet zu sein, verweist. In Erfüllung dieses Auftrags erzieht die Schule zur Selbstbestimmung in Verantwortung vor Gott und den Mitmenschen, zur Anerkennung ethischer Normen, zur Gleichberechtigung von Frau und Mann, zur Gleichstellung von behinderten und nicht behinderten Menschen, zur Achtung vor der Überzeugung anderer, zur Bereitschaft Ehrenämter und die sozialen und politischen Aufgaben im freiheitlich-demokratischen und sozialen Rechtsstaat zu übernehmen, zum gewaltfreien Zusammenleben und zur verpflichtenden Idee der Völkergemeinschaft. Sie führt zu selbstständigem Urteil, zu eigenverantwortlichem Handeln und zur Leistungsbereitschaft; sie vermittelt Kenntnisse und Fertigkeiten mit dem Ziel, die freie Entfaltung der Persönlichkeit und die Orientierung in der modernen Welt zu ermöglichen, Verantwortungsbewusstsein für Natur und Umwelt zu fördern sowie zur Erfüllung der Aufgaben in Staat, Gesellschaft und Beruf zu befähigen. Sie leistet einen Beitrag zur Integration von Schülerinnen und Schülern mit Migrationshintergrund. Im Bewusstsein der Belange der Schülerinnen und Schüler sowie der Lehrkräfte und Eltern mit Behinderungen wirken alle Schulen bei der Entwicklung eines inklusiven Schulsystems mit (Schulgesetz Rheinland-Pfalz, § 1, Abs. 2).

Mit diesen, hier nur exemplarisch dargestellten Implikationen, die Bildungsprozesse bedingen, ist eher eine Handlungsfähigkeit für Gegenwarts- und Zukunftsprobleme bei Jugendlichen zu erreichen als mit flüchtigen *Qualifikationen*, die bei dem nächsten Technologiesprung zum alten Eisen gehören.
So ist nach Ziehe (vgl. *Plädoyer für ungewöhnliches Lernen*, S. 34 ff.) die heutige Schülergeneration nicht mehr von der Gesellschaft und deren wichtigen Themen abgekapselt, vielmehr sind die Thematisierungs- und Wahrnehmungsmuster der alltäglichen Welt gegenwärtig und niemand kann sie den Schülern vorenthalten, was die permanente Verfügbarkeit in sozialen Medien und die *Wisch- und-Weg-Bewegungen* am Smartphone belegen. Nicht mangelnde Lebensnähe ist heute das Problem, sondern die Gewöhnung an die andauernde Alltagsnähe von allem und jedem.

Folglich geht es bei der *Öffnung von Schule* um *Eröffnung*. Nicht die Alltagsgewohnheiten sind erneut in den Vordergrund des Unterrichts zu rücken, sondern Schule muss Raum für ungewohntes Lernen schaffen. Ein so verstandenes Lernen bildet die Wirklichkeit nicht als Kopie ab, sondern bietet die Möglichkeit der kognitiven Durchdringung einer symbolischen Welt in den Köpfen der Schülerinnen und Schüler. Vor diesem Hintergrund ist die handlungsorientierte Qualifizierung ein zielführender Schritt.

Schule – ein Haus des Lernens

Der schulische Auftrag besteht immer noch darin Unterricht zu erteilen, Schülerinnen und Schüler zu motivieren, den Stoff aufzunehmen und zu reproduzieren. Doch viele merken, dass dieses Konzept zunehmend dann weniger funktioniert, wenn die sozialen Milieus, die Probleme in einer Lerngruppe oder die Interessen und Bedürfnisse der Jugendlichen nicht mit dem korrespondieren, was der Unterricht intendiert. Unterricht funktioniert nicht, weil sich die Jugendlichen nicht mit ihren Interessen und Bedürfnissen und folglich nicht in sich selbst wiederfinden. *Nimm mich an, wenn ich es am wenigsten verdiene*, so müsste stattdessen das Signal gedeutet werden, wenn Jugendliche durch Störung, aggressives Verhalten und andere den Lernprozess beeinträchtigende Aktivitäten auffallen und alles zunichtemachen, was an Unterricht erinnern könnte.
Schule als *Haus des Lernens* muss lernen, am Lebensbezug der Jugendlichen anzusetzen. Die Jugendlichen müssen das Gefühl haben, so wie sie sind angenommen zu werden. Sie müssen mit ihren Eigenarten und Ambivalenzen, Erwartungen und Befürchtungen, Problemen und Fragen zu Wort kommen. Eine Schule, die Jugendliche und deren Bedürfnisse ernst nimmt, und Lehrerinnen und Lehrer, die sich mit diesen Jugendlichen beschäftigen, ist eine der Möglichkeiten Jugendlichen das Gefühl zu geben, dass sie ihr *mitgebrachtes Ich* am Schuleingang nicht abstreifen müssen (vgl. Berg,

H. J., *Entwicklung einer Schulklasse zur Gruppe*, S. 16 ff.).

55

4. Handelnd lernen – lernendes Handeln

Im Folgenden wird ein *erlebnispädagogisches Projekt* einer mehr oder weniger gelungenen Praxis beschrieben, in dessen Mittelpunkt eine Lerngruppe von Jugendlichen ohne Ausbildungsverhältnis sowie eine Gruppe Schüler im Berufsvorbereitungsjahr stehen. Hierbei geht es nicht darum Rezepte zu bieten, vielmehr soll an einem Beispiel aus der Unterrichtspraxis mit *schwierigen Jugendlichen* berichtet werden. An einzelnen Unterrichtsbeispielen werden Alltagsaspekte schulischer Arbeit verdeutlicht.

Das Projekt hatte die Zielsetzung, die berufsorientierten Persönlichkeitseigenschaften durch körper- und bewegungsbezogene Angebote in der Berufsschule zu stärken. Das praktische Arbeiten in der Werkstatt (Bau von Bumerang, Lenkschlitten, Kanu) führte zu gebrauchsfähigen Produkten, mit deren anschließender Nutzung körper- und erlebnisintensive Erfahrungsfelder erschlossen werden konnten. Dieses Vorgehen intendierte, dass die Biografien der Jugendlichen, mit ihren spezifischen Problemlagen, ebenso berücksichtigt wurden, wie die Förderung handwerklicher, sozialer und kommunikativer Kompetenzen.

Die Klasse

Es handelte sich um zwei Klassen männlicher Jugendlicher. Die eine Lerngruppe besuchte das Berufsvorbereitungsjahr (BVJ) während die andere Gruppe sich aus Jugendlichen ohne Ausbildungsverhältnis (JoA) zusammensetzte, die noch die Berufsschulpflicht zu erfüllen hatten.

Die JoA-Klasse besuchte einmal in der Woche die Berufsschule. Das Projekt führte dazu, dass diese Jugendlichen freiwillig und in ihrer Freizeit zusätzlich in den Unterricht der Vollzeitklasse (Berufsvorbereitungsjahr) kamen, um die begonnene Projektarbeit fortzusetzen.

Der Bildungsgang *Berufsvorbereitungsjahr* hat das Ziel Jugendliche, denen die Berufsreife fehlt, Grundqualifikationen (Arbeitstugenden) zu vermitteln und die Berufswahlreife zu erhöhen. Realiter handelt es sich um Jugendliche, denen an der ersten Schwelle in das Berufsleben der Eintritt verwehrt wurde, da ihre Qualifikationen nicht arbeitsmarktkonform waren, sie somit durch das Raster auf dem Ausbildungsstellenmarkt gefallen waren. In der Regel werden solche Jugendlichen aus den allgemeinbildenden Schulen ausgesondert und in die Berufsschule *abgeschoben*. Nach dem Schulpflichtgesetz (abhängig von den Länderregelungen) unterliegen sie der Berufsschulpflicht, bis sie das 18. Lebensjahr erreicht haben.

Die Klasse setzte sich aus unterschiedlichen Sozialcharakteren zusammen. Neben Schülern aus einer Schule für Lernhilfe gab es Aussiedler, ausländische Jugendliche, Sitzenbleiber und solche, die aufgrund eines fehlenden Schulabschlusses oder schlechter Zeugnisnoten – in der Regel beim Hauptschulabschluss – keinen Ausbildungsplatz bekamen. Die Beschulung im BVJ bedeutet für viele Jugendliche Zwang. Sie glaubten die Schule hinter sich gelassen zu haben und werden doch von ihr wieder eingeholt. Erst der Kindheit beraubt, die oft in dieser Schulform nachgeholt wird, und nun der Freiheit beraubt, endlich mal nichts mit Schule zu tun zu haben.

Das Gefühl *Du hast keine Chance also nutze sie*, trifft nach wie vor nicht nur auf viele dieser Jugendlichen zu, sie haben diese Chancenlosigkeit häufig erfahren . Es liegt auf der Hand, dass diese problematischen Biografien nicht allein pädagogisch zu lösen sind. Für diese Jugendlichen wird es keinen bruchlosen beruflichen Lebenslauf geben. Der Glaube, dass die ein oder andere pädagogische Maßnahme dem Individuum zum Einstieg in das Berufs- und Arbeitsleben verhilft, bleibt eine Hoffnung, die sich nicht in allen Fällen erfüllen wird. Für sie werden Erwerbsphasen mit Phasen von Erwerbslosigkeit eng beieinanderliegen. Was hier gefragt ist, sind personale Eigenschaften und Fähigkeiten wie Zuhören können, bei Teamarbeit kooperieren sowie Arbeitsaufträge verstehen und umsetzen. Bezogen auf den Arbeitsprozess sind Ausdauer, Lernbereitschaft, Zuverlässigkeit, Problemerkennung und -lösung sowie Entscheidungsfähigkeit von Relevanz. Die Begriffe verweisen darauf, dass es nur mittelbar um ein allgemeines Anforderungsprofil für eine zukünftige Arbeit gehen kann. Im Zentrum des Lernprozesses steht das Bildungsbedürfnis einer lernenden Person, der eine *Nachsozialisation*, sozusagen eine die *Identität stärkende Nacherziehung* zuteilwird. Im Mittelpunkt einer solchen Konzeption stehen Sinn und Sinnlichkeit. Fachkompetenz kann heute bei guter Materialausstattung und kundiger Anleitung überall erworben werden. Dagegen erfordert prozessorientiertes Lernen und Handeln mit erlebnispädagogischen Elementen ein anderes Verständnis von den Lehrenden und den Lernenden.

Für die Lerngruppe stehen im Zentrum Arbeits- und Problemlösungsphasen, die sowohl als Gruppe als auch als Einzelner die Ganzheit des Erarbeitungsprozesses in das Blickfeld rücken. Die Sache, der Gegenstand, das zu erstellende Produkt steht im Mittelpunkt. Dieses sollte so motivierend sein, dass es die zu *bildende Person* anspricht, Kopf und Bauch im symbolischen Sinn elektrisiert. Der Gegenstand sollte eine symbolisierende Funktion ausüben und deutlich machen, was die Einzeltätigkeit des Individuums betrifft, diese aber auch in einen Gesamtrahmen bzw. Arbeitszusammenhang einbetten.

In diesem Lehr- und Lernprozess, der in seiner Ganzheitlichkeit das Subjekt *Schülerin und Schüler* in den Blick nimmt, steht das *Ich* mit seiner jeweils individuellen Besonderheit im Zentrum. Zielsetzung der durch die Lehrkraft – ihr obliegt die geistige und sachliche Durchdringung und Lenkung des Unterrichtsprozesses – zu gestaltenden Lernsituation ist es, auf der Grundlage der Analyse der Lehr- und Lernbedingungen die Lernenden so in den Qualifizierungsprozess einzubeziehen, dass die zu durchlaufenden Arbeitsschritte bis hin zu überprüfbaren Kompetenzen erkennbar sind und sich der Evaluierung erschließen.

Der hierbei zu durchlaufende Prozess, der insgesamt in acht Stufen gegliedert werden kann, startet in einer ersten Stufe mit der *Problementwicklung*, geht über zur *Planung* und mündet – sofern erfolgreich – in den Entschluss die *Arbeit* anzugehen. Mit der dann beginnenden *Phase der Umsetzung*, die je nach Lerngegenstand mit praktischem oder theoretischem Tun verbunden ist, erfolgt die *Ausführung*. An diesen Schritt schließen sich die *Kontrolle* sowie der *Bewertung und Beurteilung* durch den Lernenden selbst, aber auch durch die Lerngruppe bzw. die Klassengemeinschaft an. Mit diesem Schritt der *Veröffentlichung* des Arbeitsergebnisses, der Eigen- und Fremdbewertung, begibt sich der Lernende zum *Abschluss* der Arbeit in einen offenen Dialog mit und in der Klasse, ggf. darüber hinaus, zum Beispiel im Rahmen der Präsentation der Arbeitsergebnisse im Anschluss an eine schulische Projektwoche.

Mit der bewussten Verarbeitung des erreichten tritt dieser Prozess in eine Phase der individuellen Ich-Stärkung ein, die sich bezogen auf den Selbstwert aber auch die fachliche Leistung und auf zukünftige Lernsituationen positiv auswirkt. Dieser dialogische Prozess der *Nachsozialisation* wird um so mehr begünstigt, je stärker das Subjekt *Schüler* sich sowohl mit seiner Persönlichkeit als auch seinem Arbeitsergebnis sowie durch die Lerngruppe bzw. die

Klassengemeinschaft angenommen fühlt (vgl. Berg. H. J, *Entwicklung einer Schulklasse zur Gruppe*).

Projekt – Ein Bumerang wird gebaut

Die nachfolgend skizzierten Projekte fanden im Fach *Holztechnik* statt. Der Bau eines Bumerangs war ein überschaubares Arbeitsvorhaben. Insbesondere bei diesen Jugendlichen war es zu Beginn der gemeinsamen Arbeit wichtig, dass sie mit abgegrenzten Aufgabenstellungen konfrontiert wurden. Das Arbeitsvorhaben beinhaltet die Schritte *Planung, Bau* sowie *Nutzung* und motiviert zur Arbeit, denn die schnelle Nutzung des Wurfgerätes spornt an. Der Umgang mit Schablonen, Schnitten, Sägen, Feilen, Schleifen – um nur einige Arbeitsschritte zu nennen – bis hin zur Oberflächenbearbeitung und Versiegelung, vermittelt Grundkenntnisse, die bei komplexeren Arbeitsvorhaben nützlich sind und zukünftig, je nach Interesse und Berufswahl, eine berufliche Einstiegsqualifikation sein können.

Das zerbrechliche Bauteil zwingt dazu, die Energien dosiert einzusetzen. Zu wissen, dass das eigene Handeln auf die Flugeigenschaften des Gerätes eine unmittelbare Auswirkung hat, mahnt permanent zur Sorgfalt. Das war eine unausgesprochene Absicht, denn es ging um das Trainieren von Arbeitstugenden und die exakte Bearbeitung des Werkstückes. Das führte dazu, dass die Jugendlichen sich sehr eng an dem Modell orientierten. Unordentliches Arbeiten führt zum Scheitern, das war allen Jugendlichen bewusst. Um so mehr wurde Orientierung sowohl am Modell als auch über die Rückmeldung des Lehrers eingefordert. Dieses Verhalten zeigte, wie sehr vermieden wurde selbstständig zu handeln und damit Verantwortung für das eigene Tun zu übernehmen. Generell erreicht man mit dem Gegenstand *Bumerang* sehr schnell ein Ergebnis, was die eingangs beschriebenen Kenntnisse und Fertigkeiten am flugfähigen Gerät für alle eindrucksvoll belegt.

Projekt Kanu gegen Kletterwand

Die Jugendlichen mussten sich, in Anbetracht der begrenzten Zeit im Schuljahr, für eine der Baualternativen entscheiden. Da persönliche Erfahrungen mit einem Klettergerüst vorhanden waren (die Jugendlichen hatten eine Klassenfahrt in einen Kletterpark gemacht), entschieden die sich für den Bau eines Kanus.

Ausschlaggebend war, dass eine Lehrkraft begleitend da war, die über einen breiten Erfahrungshintergrund in der Arbeit mit diesen Jugendlichen verfügte. Ferner stand ein Boot aus einer vergangenen Projektarbeit als Modell gelungener Teamarbeit zur Verfügung. Nicht nur das Modell, sondern auch die Lehrkraft vermittelten Zuversicht, dass es zu schaffen ist, ein funktionsfähiges Kanu zu bauen und dieses in der Realität zu testen. Obgleich die Begeisterung bei den Jugendlichen hohe Wellen schlug, war bei den ersten Schritten große Skepsis vorhanden. Die Jugendlichen schwankten zwischen begeisterter Mitarbeit und Desinteresse. Nichts zu tun ist immer noch besser, als für ein Scheitern verantwortlich gemacht zu werden – eine typische Verhaltensweise dieser Schülergruppen.
Die Jugendlichen suchten zwar die selbstständige Arbeit, aber sie vergewisserten sich durch permanente Fragen, ob sie noch auf dem richtigen Weg waren. Auch wurde eine demonstrative Null-Bock-Haltung mit dem Ziel an den Tag gelegt, für Fehler nicht verantwortlich gemacht werden zu können.

Doch mit dem Wachsen des Bootes wuchs auch das Selbstvertrauen. Das Boot vermittelte zunehmend den Eindruck, dass es schwimmen würde. Folglich konnte, so die zunehmende Sichtweise der Gruppe, der eigene Anteil an der geleisteten Arbeit nicht so schlecht gewesen sein.

Die Bauphase zeigte, dass es sehr wichtig ist, die einzelnen Bauschritte genau zu erklären, die ersten Schritte gemeinsam mit den Schülern zu gehen und sich allmählich aus dem Bauprozess zurückzuziehen. Auch war erkennbar, dass Arbeitsschritte ohne eine Chance der Wiederholung äußerst fruchtbar waren, da alle zur Sorgfalt, zu konzentriertem Arbeiten und zur wechselseitigen Abstimmung der Arbeitsprozesse verpflichtet waren. Die Arbeitsschritte waren derart sinnstiftend, dass die Jugendlichen sich voll auf diese konzentrierten. Die Jugendlichen mussten sich Anforderungen stellen, deren Komplexität hoch ist und die sie auf den ersten Blick nicht voll erfassen konnten. Letztlich war der erfolgreiche Stapellauf der Kanus ein Beleg für die erfolgreiche Projektarbeit.

Schule als Lebens- und Arbeitsraum gestalten

Wenn Schule sich als pädagogischer Ort des Lehrens und Lernens definiert, dann erleichtert dieses insbesondere Schülergruppen, wie vorbenannt beschrieben, Schule anzunehmen und ihr nicht als Frust- sondern als Lebensraum gegenüberzutreten.
Schule als Lebensraum verstehen heißt, dass Maßnahmen zur Identifikation mit der Schule durch die Arbeit in der Schule, die Gestaltung der Arbeitsräume und die Lehrkräfte entscheidend bestimmt werden. Wer Schülerinnen und Schüler für sich und damit für die Schule gewinnen will, muss seine pädagogische Aufgabe ernst

nehmen und sich mit seiner Aufgabe und, im übertragenen Sinn, mit dem Bildungsauftrag identifizieren.

Auf der *personalen Ebene* setzt dies Lehrerinnen und Lehrer voraus, deren Arbeitsverständnis nicht von Nebeneinander, sondern von Miteinander geprägt ist. Teamarbeit, Absprachen, Diskussionen über gemeinsam zu gehende Unterrichtsschritte, eine Streitkultur, die Probleme nicht im Lehrerpult einschließt, ist notwendig. Dass dieses nicht generell durch die Lehrkräfte zu leisten ist und externe Beratung eine sinnvolle und notwendige Unterstützung darstellt, ist selbstverständlich, aber in unserer Bildungslandschaft selten. Zusammenfassend geht es um ein anderes Selbstverständnis der Lehrkraft. Die fachliche Dimension tritt zugunsten der Beratungs-, Problemlösungs- und Sozialarbeitertätigkeit in den Hintergrund. Ein anderes Selbstverständnis ist notwendig, um den nahezu täglichen Anforderungen in diesen Lerngruppen gewachsen zu sein.

Für die Jugendlichen war es eine ereignisreiche Zeit. Sie haben in vielen Situationen Spaß am Lernen gehabt. Die Motivation war hoch. Entgegen dem Stundenplan wurden *Überstunden* geleistet und die sonst üblichen Fehlzeiten waren gering. Besonders hervorzuheben ist der Erfahrungsschatz, den sich die Jugendlichen erarbeitet haben. Sie lernten sich gegenseitig zu vertrauen. Teamarbeit und Kooperation bestimmten über weite Teile die Arbeitsprozesse. Hierbei konnten sie erleben, wie viel mehr sich erreichen lässt, wenn man gemeinsam arbeitet. Was sie davon in ein unter Umständen zukünftiges Arbeits- oder Beschäftigungsverhältnis transferieren, hängt von ihnen ab, wobei eins klar ist, sie haben etwas *für ihr Leben* gelernt.

Die Schule, wenn sie sich als Haus des Lernens versteht, muss sich der besonderen Herausforderung bewusst sein. Nicht die Organisation, sondern der Jugendliche als Mensch muss im Mittelpunkt stehen. Das setzt voraus, dass möglichst ein Lehrerteam den Unterricht abdeckt. Hierbei sollte die Anzahl der Unterrichtenden begrenzt sein. Da weniger das Fach als der Mensch im Mittelpunkt steht, dürfte sich hieraus kein nennenswertes Problem ergeben. Der Stundenplan mit dem obligatorischen Pausengong sollte in der pädagogischen Mottenkiste verschwinden. Gefragt sind flexibel gestaltbare Arbeitsphasen, entsprechende Stundenpools für die Lehrkräfte, sodass sich die unterrichtliche Tätigkeit und der Einsatz der Lehrkräfte an dem Arbeitsprozess und nicht an dem Stundenraster orientieren. Kurz: Die Versöhnung von Kopf und Handarbeit ist anzustreben.

Der *Lernort Schule* muss sich generell, aber insbesondere für diese Jugendlichen öffnen. Im Rahmen eines Verbundmodells wäre ein Lernort denkbar, in dem ein hohes Maß der Kooperation und Kommunikation nach innen aber auch und insbesondere nach außen existiert. BerufsschulLehrerInnen arbeiten in Teams projektorientiert zusammen, Betriebe, die Arbeitsagentur, außerschulische Träger der Sozialarbeit, das Jugendamt u. a. tragen gemeinsam beratend und unterstützend die Ausbildung dieser Jugendlichen. Damit wäre der Kreislauf unterbrochen, dass diese Jugendlichen so weit weitergereicht werden, bis sie ganz unten angekommen sind.
Dieser Wandel des Lernortes *Berufsschule* sollte nicht folgenlos an den abgebenden Schulen vorübergehen. Viele der Probleme würden in der krassen Ausprägung vielleicht nicht zutage treten, wenn auch hier ein anderes Verständnis von Lehren und Lernen an Raum gewinnen würde. Unter Umständen könnte man sogar die *Bildungsgänge zur Nachqualifizierung* an Berufsschulen abschaffen, sofern diese Jugendlichen sich an ihren bisherigen Schulen angenommen und nicht abgeschoben fühlen würden.

Nach dieser Ortsbestimmung zur Bildung, ihren zahlreichen Facetten, den Implikationen, die sich um und in dem Bildungsprozess abbilden, sowie deren Zusammenhang mit den in Schule interagierenden Individuen, möchte ich den Ordnungsrahmen beleuchten, der Bildung und damit Schule umgrenzt aber auch begrenzt.

5. Kultusministerkonferenz (KMK) – Koloss auf tönernen Füßen

Der beruflich geprägte Hintergrund und die dort gemachten Erfahrungen als Ländervertreter in der KMK sind die Folie, auf deren Basis der folgende Text beruht. Dabei verhehle ich nicht die subjektive Sicht. Diese kann jedoch ein Impuls dahin gehend sein, über den Sinn und den Zweck der KMK, ihre administrativen Abläufe und ihre Wirkungen und Begrenzungen nachzudenken, um sich diesbezüglich eine eigene Meinung zu bilden.

Koloss auf tönernen Füßen meint die Abläufe innerhalb der KMK, das Abstimmungsverfahren zwischen den Ländern, die Notwendigkeit einen Konsens zu erzielen sowie die Schwerfälligkeit der Abläufe innerhalb der in der KMK festgelegten Entscheidungsprozesse.

Es ist nicht von der Hand zu weisen, dass die KMK seit ihrer Gründung (1948) bis heute richtungsweisende Beschlüsse gefasst hat, die prägend und strukturierend für das deutsche Bildungswesen waren. Dieses belegt umfassend die Geschichte der KMK (vgl. www.kmk.org). Jedoch, bis diese Regelungen zustande kommen, ihre *bindende* und *verbindende* Wirkung zwischen den Ländern entfalten, ist es ein langer und oftmals sehr bürokratischer Weg.

Die Aufgaben der KMK beruhen, wie aus der Internetpräsenz der KMK zu entnehmen ist (vgl. www.KMK.org), auf einem Länderübereinkommen. Dieses leitet seine Grundlage aus der föderalen Verfasstheit der Bundesrepublik Deutschland ab. Das Gründungsjahr datiert auf 1948. Die Kultusminister der drei Besatzungszonen, mit Ausnahme der sowjetischen Zone, vereinbarten seinerzeit, dass ihre Konferenz zu einer ständigen Einrichtung werden sollte. Dieses Petitum hat bis heute Gültigkeit. In Erledigung der laufenden Aufgaben wurde durch das Abkommen von 1959 das *Sekretariat der Ständigen Konferenz der Kultusminister der Länder in der Bundesrepublik Deutschland* eingerichtet, dem sich nach der Wiedervereinigung auch alle neuen Länder angeschlossen haben. Weitergehende Informationen zur KMK sind u. a. aus der Internetpräsenz derselben zu entnehmen.

Die *Föderale Ordnung* der Bundesrepublik Deutschland ist im Artikel 7 Ziffer 1 des Grundgesetzes geregelt. Danach untersteht das gesamte Schulwesen der Aufsicht des Staates. Die Zuständigkeit für das Bildungswesen obliegt im Wesentlichen den Ländern. Folglich fallen in den Zuständigkeitsbereich der KMK alle Angelegenheiten der Bildungspolitik sowie der Hochschul- und Forschungspolitik; ferner Fragen der Kulturpolitik, sofern diesen eine überregionale, sprich länderübergreifende Bedeutung zukommt.
Die Formulierung *überregionale Bedeutung* verdeutlicht, dass die Länder zwar eine eigene Regelungsbefugnis haben, diese jedoch z. B. dann an Grenzen stößt, wenn es um die Vergleichbarkeit der Bildungsangebote in den Ländern und eine wechselseitige Anerkennung der Abschlüsse in denselben geht. Diese koordinierende, länderübergreifende Funktion stellt sicher, dass z. B. keine die Mobilität und Vergleichbarkeit der Abschlüsse einschränkende Wirkung durch Partikularinteressen einzelner Länder entsteht. In diesem Sinne spricht die Kultusministerkonferenz auf ihrer Homepage davon, dass *die Länder in der Konferenz ihre Verantwortung für das Staatsganze auf dem Weg der Selbstkoordination wahrnehmen und in Belangen, die von länderübergreifender Bedeutung sind, für das notwendige Maß an Gemeinsamkeit in Bildung, Wissenschaft und Kultur* sorgen.

Aufgaben der Kultusministerkonferenz

Zusammengefasst besteht die wesentliche Aufgabe der KMK darin, durch Konsens und Kooperation in ganz Deutschland für die Lernenden, Studierenden, Lehrenden und wissenschaftlich Tätigen die Mobilität zu sichern und gleichwertige Lebensverhältnisse zu gewährleisten; ferner generell und gegenüber dem Bund die gemeinsamen Interessen der Länder im Bereich der Kultur zu vertreten und zu fördern.

Abgeleitet aus diesem Anspruch ergeben sich folgende Aufgaben:
- die Übereinstimmung oder Vergleichbarkeit von Zeugnissen und Abschlüssen zu vereinbaren,
- auf die Sicherung von Qualitätsstandards in Schule, Berufsbildung und Hochschule hinzuwirken,
- die Kooperation im Bereich der Einrichtungen der Bildung, Wissenschaft und Kultur zu fördern.

Durch ihre Beschlüsse und Vereinbarungen zur Anerkennung oder Vergleichbarkeit schulischer Bildungsgänge und Abschlüsse, die auch den Bereich der Lehrerbildung umfassen, ermöglicht die KMK ein Höchstmaß an Mobilität für die Lernenden und Lehrenden. Mit Empfehlungen zu Fächern und Lernbereichen macht sie darüber hinaus inhaltliche Vorgaben, die in den Lehrplänen der Länder umgesetzt werden. Aufgrund der internationalen Verflechtung und der Ergebnisse der *PISA*-Studie stehen Qualitätsentwicklung und -sicherung schulischer Bildung zunehmend im Fokus des Aufgabenspektrums der KMK. Dies zeigt sich zum Beispiel in der Entwicklung von (nationalen) Bildungsstandards, der Teilnahme an internationalen Vergleichsstudien, regelmäßiger Bildungsberichterstattungen sowie der Gründung des *Instituts zur Qualitätsentwicklung* (IQB) und des *Zentrums für internationale Vergleichsstudien* (ZIB).

Die erforderliche Kooperation erfolgt in der Regel, hier gegliederte nach dem Grad der Verbindlichkeit, durch Staatsabkommen, Vereinbarungen, Beschlüsse oder Empfehlungen.
Interpretationsspielraum eröffnet die Formulierung, dass im Sinne von mehr Toleranz und Vielfalt im Bildungswesen auf Detailregelungen verzichtet wird. Diese Formulierung öffnet aus meiner Sicht das Tor für unterschiedlichste Länderinitiativen und -regelungen im Bildungswesen. Diese stoßen erst dann an ihre Grenzen, wenn sie mit vorgenannten Vereinbarungen und Regelungen kollidieren. Im Umkehrschluss geht die KMK davon aus, dass die gemeinsam vereinbarten Niveaus die Gewähr dafür bieten, dass Experimente und Innovationen im Bildungswesen möglich sind und zugelassen werden.

Die KMK hat das Selbstverständnis, ein wichtiges Instrument für die Vertretung der gemeinsamen Interessen der Länder gegenüber dem Bund, der EU, der OECD und der UNESCO zu sein. Auch positioniert sie sich in der Rolle des länderübergreifenden Sprechers, wenn es um gemeinsame Darstellung der Länder bei Angelegenheiten der Bildung, Wissenschaft und Kultur in der Öffentlichkeit geht. Darüber hinaus begreift sich die KMK als Forum kritische Diskussion.
Die partnerschaftliche Zusammenarbeit der Länder mit dem Bund, insbesondere was Gemeinschaftsaufgaben im Bereich der Bildung betrifft (Feststellung der Leistungsfähigkeit des Bildungswesens im internationalen Vergleich), wird durch die KMK wahrgenommen und als solches als Handlungsfeld gesehen. Gleiches trifft auf die auswärtige Kulturpolitik sowie die internationale und europäische Zusammenarbeit in der Bildung, der Wissenschaft und bei kulturellen Angelegenheiten zu.
So wie der Bund für die auswärtigen Beziehungen zuständig ist, obliegt innerstaatlich die Zuständigkeit für Bildung, Wissenschaft und Kultur den Ländern, die sich als Sprachorgan der KMK bedienen.

Eine Besonderheit im Bereich der Bildung stellt die berufliche Bildung dar. Hierauf weist die KMK-Formulierung hin, die besagt: *Ähnliches gilt für die Berufsbildung: Die Regelung der Ausbildung in Betrieben ist die Angelegenheit des Bundes, die Berufsbildung in den Schulen aber fällt in die Kompetenz der Länder. Hier notwendige Abstimmungen erfolgen ebenfalls im Zusammenwirken zwischen dem Bund und der Kultusministerkonferenz* (vgl. KMK, *Berufliche Bildung*, www.kmk.org).

Koloss auf tönernen Füßen

Bedenkt man, dass Entscheidungen im Rahmen der KMK einstimmig zu erfolgen haben, so trifft die Aussage *Koloss auf tönernen Füßen* durchaus zu. Das Einstimmigkeitsprinzip führt stets zu einem Kompromiss, der sozusagen alle Länder umfasst. Dieser ist, bezogen auf die Schwerfälligkeit des Zustandekommens im Rahmen des Entscheidungsprozesses innerhalb der KMK und den diesem vorausgehenden Vorbereitungen in allen Ländern, ein bürokratisches und sehr aufwendiges Verfahren, das seinesgleichen sucht. Wenn im Rahmen des Einstimmigkeitsprinzips zum Beispiel die *weißblauen Besonderheiten* nicht hinreichend Berücksichtigung finden, ist einem Beschlussvorschlag meist kein Erfolg beschieden. Ein Paradebeispiel ist die Ferienregelung. Die Länder haben sich für ein rollierendes System der Sommerferientermine entschieden. Damit ist intendiert, dass z. B. jedes Land von einem frühen Termin zu einem späten Ferientermin rückt, sodass stets ein Ausgleich zwischen günstigeren und weniger günstigen Sommerferienterminen gegeben ist. Eine Ausnahme bildet hier die Ländergruppe V, zu der Bayern und Baden-Württemberg gehört, deren Ferientermine nicht rollieren und die konstant den Platz des Schlusslichtes bei Ferien-

terminen belegen. So müssen sich die Schulorganisation sowie die Lehrkräfte aller übrigen Länder damit abfinden, dass je nach Ferienterminregelung die Schulhalbjahre unterschiedlich lang sind. Diesem Umstand sind die schulischen Arbeitspläne, die Prüfungstermine, Klassenfahrten etc. unterzuordnen, schließlich ist der Lernstoff auch in einem kurzen Schulhalbjahr vollständig zu vermitteln. So kann man die Frage stellen, warum sich 14 Bundesländer dieser Regelung unterwerfen müssen, nur in Bayern und Baden-Württemberg geht jedes Schuljahr seinen gewohnten Gang.
Beim Einstimmigkeitsprinzip kommen in der Regel Kompromisse heraus, die den Kern des Anliegens teils so verwässern, dass die eigentliche Intention nur noch rudimentär zur Geltung kommt.

Als es noch keine Landesregierung unter Federführung der Grünen gab, trafen sich die A-Länder (SPD-regiert) und die B-Länder (CDU/CSU-regiert) zu Vorbesprechungen. Hier wurde dann die bildungspolitische Linie festgelegt, die in der Ministerrunde verfolgt werden sollte. Gleiches gilt für die Amtschefkonferenz. Diese bereitet Plenarsitzungen auf der Ministerebene vor und beschließt Angelegenheiten, die keiner Behandlung im Plenum der Minister bedürfen. Inwieweit hier diejenigen im Mittelpunkt standen und stehen, um die es in der Bildung gehen sollte – die Jugendlichen – kann durchaus in Zweifel gezogen werden, da nicht von der Hand zu weisen ist, dass die Politik über die Bildung befindet. Wie sonst wäre der immerwährende Streit über die Schulstrukturen der Länder erklärbar?
Dem Plenum gehören die für Bildung, Wissenschaft und Kultur zuständige Ministerinnen und Minister beziehungsweise Senatorinnen und Senatoren der Länder an. Sofern das zuständige Kultur- oder Bildungsministerium in einem Land mehrere Ressortbereiche umfasst – zum Beispiel in Rheinland-Pfalz die Bildung, die Wissen-

schaft und die Kultur –, können auch mehrere MinisterInnen bzw. SenatorInnen an den Plenarsitzungen teilnehmen. Dennoch hat jedes Land nur eine Stimme. Mehrheitsbeschlüsse sind dann möglich, wenn sie nicht finanzwirksam sind, die Mobilität im Bildungsbereich oder die KMK selbst betreffen.

Bildungsbürokratie und Länderproporz

Der KMK steht in einem jährlichen Wechsel eine Präsidentin oder ein Präsidenten vor. Den Vorsitz in der Amtschefkonferenz hat dasjenige Land (Ministerium), das den/die PräsidentIn der KMK stellt. Das Präsidium setzt sich aus PräsidentIn sowie drei VizepräsidentInnen und bis zu zwei weiteren (kooptierten) Mitgliedern zusammen. Die eigentliche Arbeit findet in Ausschüssen, Unterausschüssen und Kommissionen statt.

KMK-Rahmenvereinbarung – eine länderübergreifende Klammer

Insbesondere im Bereich der beruflichen Bildung gibt es zahlreiche Rahmenvereinbarungen, die – wie nachfolgend skizziert – einen Standard in Bildungsgängen fixieren.

Im Rahmen einer Schulstrukturreform wurde die *Realschule plus* in Rheinland-Pfalz konzipiert. In dieser Schulform wurde die ehemalige Hauptschule in die Realschule integriert. Als Add-on zur Befriedung der Schullandschaft kreierte man die *Realschule plus*, eine auf dem mittleren Bildungsabschluss aufbauende Schulform, die auch die Erlangung der Fachhochschulreife ermöglicht. Da es sich um eine Zusammenführung von drei Schulformen handelte und die Fachhochschulreife originär der Abschluss der Fachoberschule ist, war es notwendig, sich an der Rahmenvereinbarung zur Fachoberschule, die ein Bildungsgang der beruflichen Schule ist, zu orientieren. Die Besonderheit beruflicher Bildungsgänge besteht darin, dass in Rahmenvereinbarungen der KMK sich grundlegende Regelungen finden, die für alle Länder im Bereich der berufsbildenden Schulen gelten. Damit ist aus Sicht der Berufsbildung gesichert, dass die jeweiligen Bildungsgänge gleiche Rahmenvorgaben haben, die verbindlich für alle Länder sind.

Damit fiel der ursprüngliche Gedanke, den die Bildungspolitiker hatten – die Erlangung der Fachhochschulreife in einem zweijährigen Bildungsgang zu ermöglichen, der im ersten Jahr die schulischen Inhalte vollständig vermittelt und im zweiten Jahre ein reduziertes Unterrichtsangebot, ergänzt durch betriebliche Praktika hat –, in sich zusammen. Diese Regelung war nicht konform zu der *Rahmenvereinbarung der KMK zur Erlangung der Fachhochschulreife in beruflichen Bildungsgängen*. Damit blieb die *bildungspolitische Vision* Wunschvorstellung und der Schulwirklichkeit erspart. Sie hätte auch keinen Sinn ergeben, denn was hätte es gebracht die Fachoberschule strukturell – was die Lerninhalte der Schuljahre betrifft – umzudrehen, obgleich diese Schulform sich gemäß der Rahmenvorgabe bewährt hat? Die im ersten Jahr gesammelten Praxiserfahrungen durch die Praktika (2 Tage Schule, 3 Tage Betrieb) dienen gemäß dem Profil dieses Bildungsganges dazu, anknüpfend an ihnen und ergänzt durch die erlebte betriebliche Wirklichkeit die beruflichen Lerninhalte (gespiegelt durch die Praktikumserfahrung) aufnehmen und reflektieren zu können. Glücklicherweise ging kein Weg an der Rahmenvereinbarung zur Fachoberschule für das berufsbildende Schulwesen vorbei, auch wenn es sich um einen angegliederten Bildungsgang der Realschule handelte. Ansonsten wäre in der Bildungslandschaft wieder ein Sonderweg eines Landes beschritten worden, der nicht nur die Mobilität bei einem Schulwechsel beeinträchtigt hätte, sondern aufgrund der Struktur nur in Rheinland-Pfalz anerkannt und die Zulassung zur Fachhochschule ermöglicht hätte.

Neben diesem positiven Beispiel verbindlicher Rahmenvorgaben aufgrund gemeinsamer Beschlüsse der KMK, die insbesondere im beruflichen Bildungswesen eine tragende Rolle über alle Länder hinweg haben, gibt es hinreichend Kritik an der KMK. Diese trifft jedoch aus meiner Sicht die falsche Einrichtung. Es ist nicht die Institution und deren fachkompetentes Personal, das zum Zweifeln über den Bildungsföderalismus Anlass gibt, nein, es sind die Länderbesonderheiten, die zu dieser Vielfalt im Bildungsbereich führen, die man schlicht als einfältig, weil nicht konsensorientiert sondern politisch motiviert typisieren muss.

Das in den jeweiligen Fachreferaten der KMK arbeitende Personal, kommt sich nach eigenem Bekunden manchmal wie in einer modernen Legebatterie vor. Sie entwickeln Vorstellungen zu bildungspolitischen Entwicklungen und Fragestellungen, unterbreiten Vorschläge, fordern Arbeitsaufträge gemäß der Gremienstruktur ein, *legen also Eier* oder ersuchen darum, diese *legen zu dürfen*. Doch was geschieht? Ob etwas *ausgebrütet* wird oder im Papierkorb landet, darüber entscheidet letztlich das Plenum. Aus diesem Blickwinkel betrachtet, entwickelt man auf der Arbeitsebene oder in Ausschüssen – so z. B. im *Unterausschuss für berufliche Bildung* – keine Initiative, damit entsteht kein Stress, keine Auseinandersetzung, kein Ringen um eine bessere Lösung, stattdessen geht der berufliche Alltag mehr oder weniger spannungsfrei vorüber. Dieses Phänomen ist auch in den Kultusbürokratien der Länder nicht unüblich und prägt den Alltag.

Wenn die Gymnasialdirektoren (*FAZ, 29.09.2014, Nr. 226, S. 2*) der KMK Versagen vorwerfen, da es seit Jahrzehnten nicht gelungen ist, die Grundlagen für einheitliche Regelungen zu schaffen (Übergangsregelungen in den jeweiligen Bundesländern, Abschlussvergaberichtlinien, Abiturstandards, Bildungsempfehlungen versus Elternwille), dann verdeutlicht dieses die Partikularinteressen eines jeden Landes – ebenso wie die seit Jahrzehnten geführte Diskussion über die *richtige Schulstruktur* mit ihrem Nord-Süd-Gefälle ein nicht endendes Thema ist.

Die Auseinandersetzungen in Hamburg zur Gemeinschaftsschule zeigten eindrucksvoll, wie ein Riss quer durch die Gesellschaft gehen kann, wenn statt *Bildung* die *Bildungspolitik* in den Vordergrund rückt. Auch die Diskussion in Baden-Württemberg, die in der *SZ* (23.03.2015) mit der Überschrift *Wahlkampf statt Schulfrieden* betitelt wurde, die dortige Diskussion über *Sexualerziehung* mit *wahnwitzigen Annahmen und Vermutungen all derjenigen, die sich berufen fühlen sich Dampf plaudernd zu äußern*, zeigt auf, wie schlüpfrig das *bildungspolitische Parkett* ist, und wie schnell man auf diesem straucheln kann.

Immer wieder ist es das Reizthema *Schulstruktur*. Als ob es ein Überlebenskampf wäre, streitet man sich seit Jahrzehnten über die zielführende Schulstruktur. Dabei stehen die Befürworter eines gegliederten Schulsystems unversöhnlich denen gegenüber, die für Gesamtschulkonzepte eintreten. Aus dem Blick gerät dabei häufig, dass es weniger um die Struktur als um das optimale Angebot für Jugendliche sowie deren Förderung und nicht deren Ausgrenzung gehen sollte. Ein ähnliches Reizthema ist die Ganztagsschule. Auch hier wird allzu oft eine ideologische Debatte über die Form, die Angebotsstruktur geführt, statt dass man sich dazu durchringt, Möglichkeiten für die Nachfragenden zu eröffnen.

So spricht die CDU-Opposition (*SZ*, 13.08.2014) in Baden-Württemberg wortgewaltig vom radikalen Umbau des Bildungssystems, sofern sie als Sieger aus den Landtagswahlen hervorgehe. Doch statt eines Umbaus sollte man weiterentwickeln, das Schulsystem an veränderte gesellschaftliche Bedingungen anpassen und die vorhandenen geistigen Ressourcen der Fachleute im Ministerium dazu nutzen, ein zukunftsfähiges Schulsystem zu gestalten, das den Interessen der Abnehmer und Nachfrager nach Bildung entspricht. Man kann in ein Haus nie einziehen, das nach jeder Landtagswahl umgebaut wird, da der nachweisbare Umbauerfolg länger als der Zyklus einer Legislaturperiode ist. Statt über Bildungsideologie sollte über Sinn und Nutzen der Bildungsreform nachgedacht und, hierauf ausgerichtet, im Interesse der zu Bildenden gehandelt werden. Das würde geistige und materielle Ressourcen freisetzen, die im Bildungssystem sinnvoll zu nutzen wären.

Einen ebenso aufwendigen wie teilweise überflüssigen Vorbereitungsaufwand stellen die Unterlagen dar, die in jedem Land von der Bildungsbürokratie zu den jeweiligen Tagesordnungspunkten der Sitzungen zu erstellen sind. Dieses läuft in 16 Ländern parallel ab. Kooperiert man auf der Arbeitsebene zwischen den Ländern und besorgt sich die entsprechende Vorlage, so ist es zielführend, diese so zu überarbeiten, dass zumindest keine *Textidentität* zu der Vorlage aus dem anderen Land zu erkennen ist, denn es würde ein mittleres Erdbeben entstehen, wenn die sogenannten *Entscheider,* deren Kompetenz in Fragen der Bildung oft darauf basiert, dass sie mal eine Schule besucht haben, feststellen würden, dass es auf der fachlichen Ebene keine Differenzen zwischen den Ländern gibt – trotz unterschiedlichem Farbspiel (Schwarz/Rot/Grün/Gelb).

Einen weiteren Höhepunkt stellt die Präsidentschaft dar, die jeweils jährlich auf ein anderes Bundesland fällt. Hier ermittelt die gesamte Bildungsbürokratie eines Landes Themen, die sowohl dem Wunsch der Ministerin bzw. dem Minister entsprechen bzw. denen eine publikumswirksame Bedeutung beizumessen ist. Schließlich soll jede Präsidentschaft eine *Krönung* durch ein schlagkräftiges Thema erhalten. Interessant wäre eine Wirkungsanalyse der KMK bezüglich der Schwerpunktthemen im Wechsel der jeweiligen Präsidentschaften. Nach meinem Erfahrungshintergrund ist die Nachhaltigkeit der Präsidentschaftsschwerpunkte annähernd gleich dem *Ruck durch die Bildung,* der wenig Nachhall auf die Rede des damaligen Bundespräsidenten Herzog fand.

Abschließend noch ein Blick auf die *Bildungsbürokratie*:
Die eigentliche inhaltliche Arbeit wird in Ausschüssen der KMK erledigt. So werden im Schulausschuss alle Fragen, die das Bildungswesen betreffen erörtert. Die Ergebnisse des Schulausschusses laufen dann in die Amtschefkonferenz und werden letztlich im Plenum verabschiedet. Damit erlangen sie Gültigkeit über das gesamte Bildungswesen der Länder hinweg. Fragen, die das berufsbildende Schulwesen betreffen, werden im Ausschuss für berufliche Bildung (UABBi) behandelt, der ein Unterausschuss des Schulausschusses ist. Die dort getroffenen Regelungen müssen vom Schulausschuss – der i. d. R. mit Experten des allgemeinbildenden Schulwesens und nicht des beruflichen Schulwesens besetzt ist – angenommen und verabschiedet werden. Erfolgt eine Annahme und Weiterleitung nicht, mündet das Beratungsergebnis des Unterausschusses nie in einen Beschluss, wenn der Schulausschuss dessen Relevanz nicht erkennt. Obgleich die berufliche Bildung einen eigenen Stellenwert im Bildungssystem hat, führt die Nachrangigkeit in der Gremienstruktur dazu, dass der UABBi die Rolle des *Wurmfortsatzes* eines durch die Allgemeinbildung besetzen Schulausschusses hat.

Auch ist das Prozedere der Regelung des Vorsitzes der Ausschüsse und Gremien politisch determiniert. Hier geht es nach dem A-Länder- und B-Länder-Proporz. Wenn z. B. ein A-Land den Vorsitz im Schulausschuss wahrnimmt, so ist es ein ungeschriebenes Gesetz, dass nicht auch ein A-Land in einem anderen Ausschuss den Vorsitz übernimmt. Damit geht einher, dass nicht zwingend die Fachkompetenz eines Gremienmitgliedes über den Ausschussvorsitz entscheidet, sondern ein politischer Proporz. Doch, auch hier ist es wie im Leben: grundsätzlich wächst nicht jeder durch die Fülle seiner Ämter!

So betitelt die *Süddeutsche Zeitung* den Bildungsföderalismus als einen *deutschen Sadismus* (SZ, 17.05.2010), der Lehrer, Eltern und Schüler durch seine Bildungsferne schikaniert und in dem sich 16 Länder 16 verschiedene Bildungssysteme leisten. Man betrachte exemplarisch hier nur die unterschiedlichen Schulbezeichnungen für vergleichbare Abschlüsse in den Ländern, die in ihrer Unterschiedlichkeit ein Bild dessen sind. Eine Analyse der Schulgesetze der Länder bezüglich der Bezeichnung von Schulformen würde die *Einfalt* in der *Vielfalt der Schulbezeichnungen* augenscheinlich werden lassen. Diesen Scheuklappenegoismus gelte es zu überwinden, damit Eltern und Schüler Klarheit über Schulformen und deren Abschlüsse haben, damit der Wechsel in ein anderes Bundesland keine Hürde darstellt und damit Lehrkräfte eine Schullaufbahnberatung durchführen könnten, die sachangemessen und schüler- bzw. klientelorientiert ist.

Ein Negativbeispiel sehe ich auch in der sogenannten *Föderalismusreform*, die die ehemalige Bundesbildungsministerin Edelgard Bulmahn (SPD) als eine *dramatische Fehlentscheidung* kritisiert hat (Spiegel Online, 08.11.2005). Seinerzeit hatten sich die Spitzenvertreter von CDU/CSU und SPD darauf verständigt, dass nach der Reform die Bildungspolitik weiterhin weitgehend in die Kompetenz der Länder fällt. Dem Bund kommt eine *Nachtwächterfunktion* zu, in der er lediglich durch finanzielle Anreize – so bei der Entwicklung des Ganztagsschulangebotes – Impulse setzen kann. Diese *Kastration des Bundes* und der damit gegebene Rückzug auf bildungspolitische Grundsatzfragen *befeuern die Kleinstaaterei*, so der seinerzeitige VBE-Vorsitzende Eckinger. Auch der damalige Ministerpräsident von Brandenburg (Platzek) und designierte SPD-Vorsitzende vertrat die Auffassung, dass der Kompromiss *nicht glücklich* sei; für Deutschland wäre es besser, wenn es *mehr zentrale Regelungen* bei der Bildung gäbe. Nun, nahezu zehn Jahre nach dieser verfehlten Entwicklung fordert die SPD, seinerzeit Befürworter einer Nationalen Bildungsallianz, die Abschaffung des Kooperationsverbotes im Grundgesetz, da es ein in die Verfassung gegossener Irrtum sei (SPD, 12.10.2015). Man fragt sich, was zu dieser Erkenntnis geführt hat – und ob es nicht vielleicht nur die Finanznot der Länder und Kommunen ist, deren SPD-Regierungen vor dem Hintergrund der Migrationsproblematik Druck machen. Denn für die Länder sind die aufkommenden Bildungslasten, der plötzliche Schülerzuwachs, die notwendigen Sprachkurse und die erforderlichen Stütz- und Fördermaßnahmen nur dann zu schultern, wenn der Bund die erforderlichen Mittel hierfür zuweist.

6. Bildungsföderalismus – eine zu überdenkende Struktur

Wäre man seinerzeit bei der *sogenannten Föderalismusreform* dem Gedanken nähergetreten, dass man nicht *nicht kommunizieren* kann, dann wäre manches, was mit dem Begriff *Reform* eine Neuausrichtung signalisiert, zu vermeiden gewesen. Doch wie so oft tut man Jahre später so, als hätte man das seinerzeit nicht wissen können.

Das Kappen von über Jahrzehnten gut entwickelter Kommunikationsforen lässt sich an der Entscheidung, die Bund-Länder-Kommission für Bildungsplanung und Forschungsförderung (BLK) aufzulösen, belegen.

Mit der Abschaffung der BLK in 2006 ist nicht nur eine Einrichtung weggefallen, die über ein erhebliches Expertenwissen verfügte, sondern auch ein Diskussionsforum auf der Ebene der vorbereitenden Entscheidungsträger in den jeweiligen Länderkultusministerien. War man 1970, als die BLK durch ein Verwaltungsabkommen zwischen Bund und Ländern gegründet wurde, noch der Auffassung, dass die Abstimmung ihrer Tätigkeit mit wichtigen Bereichen der Gesellschaftspolitik, insbesondere der Wirtschafts-, Arbeitsmarkt-, Finanz-, Sozial- und Gleichstellungspolitik notwendig sei, hatte dies nach über drei Jahrzehnten erfolgreicher Tätigkeit scheinbar keine Bedeutung mehr – offenbar sah man die BLK nicht mehr wie ehedem als wichtiges Diskussions- und Entscheidungsvorbereitungsforum zu politischen Themen an. Die BLK hatte plötzlich keine Relevanz mehr. Seinerzeit hat die BLK z. B. im Bereich der Forschungsförderung – mit dem Pakt für Forschung, Innovation und Exzellenzinitiative der Förderung von Frauen in Wissenschaft und Forschung – wegweisende Impulse gesetzt, die durch die Abschaffung nicht nur eine Zäsur erfuhren, sondern teils für Jahre in der Versenkung verschwanden. Auch hat die BLK z. B. die Arbeiten zur Bildungsplanung im Herbst 2006 eingestellt. Diese waren nach der Föderalismusreform mit dem neuen Artikel 91b GG nicht mehr vereinbar.

Im Rahmen dieser Entwicklung ist auch ein zentrales Instrument gemeinsamer Bildungsplanung von Bund und Ländern, die *Modellversuche* weggefallen. Rund 220 Mio. Euro haben Bund und Länder alleine in den Jahren 1998 bis 2006 hierfür aufgewandt. Über 2500 Vorhaben wurden nicht nur finanziert, sondern trugen zur Innovation im Bildungswesen bei. Dieser Aderlass wirkt bis heute und ist in Zukunft, insbesondere was das innovative Potenzial der BLK betrifft, nicht schnell wieder aufzubauen.

Das möchte ich an einem Beispiel verdeutlichen: Wer den Bericht der BLK zur *Zukunft von Bildung und Arbeit* in der Fassung vom 29.10.2001 zur Hand nimmt und sich die Ziele sowie deren Handlungsoptionen vergegenwärtigt, muss sich die Frage stellen, wieso man heute vonseiten der Wirtschaft über den Fachkräftebedarf lamentiert, obgleich der Bericht die demografische Entwicklung klar aufzeigt hat.

Nimmt man aus heutiger Sicht zur Kenntnis, dass nahezu in allen Ländern Tausende Jugendliche in Vollzeitbildungsgängen an beruflichen Schulen qualifiziert werden, die überwiegend einen mittleren Bildungsabschluss haben, somit für eine duale Ausbildung infrage kommen, ist es wenig verständlich in ein immerwährendes Lamento über den Fachkräftebedarf zu verfallen. Ein weiterer Aspekt ist der *Dschungel an Förderprogrammen*, in dem zumindest in der Vergangenheit Jugendliche *verwahrt* wurden, nicht zuletzt um die Jugendarbeitslosigkeit zu kaschieren. Vielfach handelte es sich um *Verweilmaßnahmen*, deren Sinn und Zielsetzung für den einzelnen Jugendlichen nicht immer erkennbar und ebenso wenig gegeben waren.

Dieses zu koordinieren, das Nebeneinander von Maßnahmen zu vermeiden, Trägerstrukturen zu durchleuchten, Effektivitätskriterien anzulegen, um Dopplungen in den Förderprogrammstrukturen zu vermeiden, wäre eine Aufgabe gewesen, die man einer BLK hätte zuweisen können!

So ist im Heft 104 (*Zukunft von Bildung und Arbeit – Perspektiven von Arbeitskräftebedarf und -angebot bis 2015*), auf das ich mich beziehe nachzulesen, dass der Bericht das Ziel hatte

- Entscheidungsträger in Politik und Wirtschaft über die Perspektiven der Entwicklung in der Bildung und dem Arbeitsmarkt zu informieren,
- Orientierungen zu geben, welche Weichenstellungen für die Zukunft *jetzt* vorzunehmen sind, um Bildungs- und Beschäftigungssystem besser miteinander abzustimmen.

Der Bericht analysiert die Ausgangslage und zeigt Handlungsperspektiven bis 2015 und darüber hinaus auf. Er beschreibt die Entwicklung von Qualifikationen, den zu erwartenden Strukturwandel in Hinblick auf einen sich globalisierenden Arbeitsmarkt und fundiert diese Entwicklungen mit umfangreichen Maßnahmen, die Handlungsoptionen für den Bund und die Länder beinhalten.

Nun, die Föderalismusreform hat nicht nur die BLK mit ihrer fachlichen Expertise abgeschafft, mir ist auch nicht bekannt, ob die detailliert beschriebenen Handlungsoptionen jemals eine Umsetzung erfahren haben. Nur in einem bin ich mir sicher: durch den Wegfall von Kommunikationsforen – wie es z. B. die BLK war – ist die Zusammenarbeit zwischen den Fachressorts auf Bundes- und Länderebene qualitativ nicht verbessert worden.

Eine weitere Konsequenz der Föderalismusreform, und dem damit einhergehenden Kooperationsverbot zwischen Bund und Ländern in Fragen der Bildung, war der Wegfall des Länderausschusses beim

Bundesinstitut für Berufsbildung. Dieser Ausschuss wirkte als Bindeglied zwischen dem Bund und den Ländern in allen Fragen zu Ausbildungsordnungen und zu den Rahmenlehrplänen mit; ein Gremium, das als Clearingstelle zwischen ausbildender Wirtschaft und Schule fungierte. Hier erfolgte die inhaltliche Abstimmung zwischen den Entwürfen der Ausbildungsordnungen des Bundes und den Rahmenlehrplanentwürfen auf der Seite der Länder. Dieses mit Entscheidungsträgern auf der Fachebene besetze Gremium war in der Lage, fachliche Entscheidungen zu treffen, die eine richtungsweisende Funktion für die bildungspolitischen Entscheidungsträger hatte.

Die Strukturveränderungen der Föderalismusreform sind rückblickend kontraproduktiv gewesen und stießen bereits seinerzeit auf heftigen Widerstand, vor allem bei SPD-Bildungspolitikern, aber auch bei den Verbänden (GEW, VBE etc.). Die dem Bund auferlegte Enthaltsamkeit bei allen bildungspolitischen Grundsatzfragen kommt einem Kompetenzverzicht gleich (vgl. *Spiegel Online*, 08.11.2005). Die damalige Entscheidung, die Bildungspolitik weitgehend in die Länderkompetenz zu verlagern, war eine weitreichende Weichenstellung, deren Sinnhaftigkeit unter Bildungsfachleuten in Zweifel gezogen wird. Nicht umsonst gibt es mittlerweile den dritten Hochschulpakt, in dem sich Bund und Länder in einer Exzellenzinitiative zu einer gemeinsamen und verstärkten Förderung von Wissenschaft und Hochschulbildung bekennen. Dies ist sozusagen eine Rolle rückwärts und im Rückblick eine Bestätigung der damaligen Kritiker. Ohne Übertreibung kann man die Föderalismusreform als *bildungspolitischen Aderlass* bezeichnen.
Vor diesem Hintergrund ist es nicht verwunderlich, dass die fachlichen Expertisen, die handlungsleitend für politische Entscheidungsträger erstellt wurden, wirkungslos waren. Bedauerlich ist nur, dass

es im Bereich der Bildung um die *Ressource Mensch* geht, seine Entwicklung und seine Möglichkeiten sollten im Zentrum des gesellschaftlichen und politischen Interesses stehen. So verglich seinerzeit der Leiter einer Berufsschule bildungspolitische Entscheidungen mit einer Champignonzucht. Nach ihm geschieht alles im Dunklen, sobald ein weißer Kopf auftaucht wird er abgeschnitten. Ein Schelm, der bei dieser Metapher Böses denkt.

Ein Glück, dass im Bereich der beruflichen Bildung die Ausbildungsordnungen und die hierauf bezogenen Rahmenlehrpläne – wie noch zu zeigen sein wird – eine bundesweite Gültigkeit haben, da hier die konkurrierende Gesetzgebung greift und verallgemeinernd das *Recht der Berufsausbildung* im Wirtschaftsministerium ressortiert. Somit sind der Kulturhoheit bei Fragen der fachlichen beruflichen Bildung Grenzen gesetzt. Auch setzen Rahmenvereinbarungen, die eine länderübergreifende Gültigkeit haben Grenzen, da das Bildungsangebot inhaltlich und strukturell bezogen auf Schulformen und deren Bildungsgänge so fixiert ist, dass Partikularinteressen der Länder ein Stoppsignal überwinden müssen.

7. Ordnungsrahmen der Berufsbildung – Grenzen und Möglichkeiten

In diesem Kapitel werden die wesentlichen Aspekte skizziert, die ordnend die berufliche Bildung prägen. Die exemplarisch aufgezeigten Strukturen im Zusammenspiel zwischen Bund und Ländern sowie deren kritische Betrachtung, verfolgen unter anderem das Ziel Überlegungen zu Veränderungen und zur Optimierung von Entscheidungsprozessen aufzuzeigen. In diesem Zusammenhang plädiere ich dafür die Ressourcen zu nutzen, die bereits systemimmanent vorhanden sind.

Ferner werden in diesem und dem folgenden Kapitel die Vielfalt des Bildungsangebotes, seine Grenzen aber auch Möglichkeiten skizziert, die das Berufsbildungssystem jedem Bildungswilligen, ob Jugendlicher oder Erwachsener, bietet.

Das berufsbildende Schulwesen nimmt entsprechend der gesetzlichen Schulpflicht der Länder *alle* Schulpflichtigen Jugendlichen auf, *vermittelt* vom Hauptschulanschluss bis zur allgemeinen Hochschulreife alle Abschlüsse und qualifiziert in über 350 Ausbildungsberufen. Das vielfältige Bildungsangebot umfasst Vollzeitschulformen, die sowohl allgemeinbildende als auch berufsqualifizierende Abschlüsse verleihen. In der Teilzeitberufsschule werden Auszubildende des Dualen Systems umfänglich qualifiziert.

Das Bildungsangebot ist differenziert, durchlässig und bietet zu jedem Abschluss eine Anschlussqualifikation an. Neben der berufsorientierten bzw. beruflichen Erstqualifikation, umfasst das Bildungssystem Angebote zur Fort- und Weiterbildung. Diese schließen an eine Berufsausbildung an und führen z. B. in den Fachschulen zu einer höherwertigen fachlichen Qualifizierung.

Im Rahmen des gesetzlichen Bildungsauftrages der Länder, der im jeweiligen Schulgesetz geregelt ist, erstreckt sich das Aufgabenfeld der berufsbildenden Schulen somit von der Aus-, über die Fort- bis hin zur Weiterbildung.

Bildungspolitik zwischen Einfalt und Vielfalt

Zu Beginn ein Beispiel dafür, wie sehr sich manchmal bildungspolitische Entscheidungen zwischen *Einfalt* und *Vielfalt* bewegen:
Als *einfältig* bezeichne ich bildungspolitische Entscheidungen, die scheinbar neue Schulformen kreieren, diesen neue Namen verpassen, aber der Inhalt ist weitgehend unverändert. Warum schlägt man den Weg der *scheinbar kreativen Wortschöpfung* für Schulformen ein und vermeidet das zu bezeichnen, was drin steckt, nämlich der Sekundarabschluss I? So heißt z. B. die Schulform, in der man den Sekundarabschluss I (mittlerer Bildungsabschluss) erwerben kann, in den Stadtstaaten Berlin, Hamburg und Bremen einmal *Integrierte Sekundarschule* (B), *Stadtteilschule* (HH) oder *Oberschule* (HB). *Oberschule* wird in Niedersachsen als Sammelbegriff für Haupt- und Realschulen verwendet, wohingegen in Sachsen aus der Mittelschule kurzum die *Oberschule* wurde. Einige andere Länder haben sich auf *Gemeinschaftsschule* oder *Realschule plus* verständigt.
In Rheinland-Pfalz wirbt man – wenn ich noch mal die Schulform *Realschule plus* bemühen darf – mit der Möglichkeit, neben dem mittleren Schulabschluss auch die Fachhochschulreife erlangen zu können. Sieht man sich hierzu die Zahlen des Schulbesuchs im Bericht des *Statistischen Landesamtes* von Rheinland-Pfalz an, so stellt man fest, dass man mit dem Parallelangebot zur Berufsschule, an der man seit jeher die Fachhochschulreife erlangen konnte, keinen großen Wurf gemacht hat. Dieses *Lockangebot* sollte diejenigen

mit dieser Schulentwicklung versöhnen, die sich kritisch dazu äußerten, wie man in einem System der gemeinsamen Beschulung, mit den nach wie vor vorhandenen Hauptschülern und den Realschülern umgeht. Eine personelle Verstärkung, z. B. um Stütz- und Fördermaßnahmen bei den heterogeneren Klassen zu ermöglichen, war nicht vorgesehen. Man hat schlicht zwei vorher selbstständige Schulformen zusammengewürfelt, unter anderem mit dem Ergebnis, dass Lehrkräfte dieser bildungspolitischen Entscheidung sehr reserviert gegenüberstanden. Hinzu kam, dass die gleiche Arbeit eine unterschiedliche Entlohnung erfuhr. Gegen diese Schlechterstellung haben Lehrkräften geklagt. Als Ergebnis der Klage auferlegte das Oberverwaltungsgericht dem Land, den ehemaligen Hauptschullehrkräften den schnellstmöglichen Zugang zu einer Wechselprüfung zu eröffnen, um die ungleiche Besoldungssituation zu beseitigen.

Diese vielfach erlebbare *bildungspolitische Omnipotenz* führt nicht nur zu einem Begriffswirrwarr mit dem Ergebnis, dass Gleiches ungleich bezeichnet wird. Diejenigen, die sich für Bildungswege entscheiden müssen, können in der Unterschiedlichkeit der Bezeichnungen nicht die Gleichheit bezogen auf die Abschlussqualifikation erkennen. Damit müssen sich dann die Erziehungsberechtigten plagen, da sie diejenigen sind, die in dieser Altersgruppe der Jugendlichen die Entscheidung über die Schullaufbahn zu treffen haben.

Berufsbildung: durchlässig, flexibel und gleichwertig

Dieser Problematik entgeht man im beruflichen Schulwesen, da je nach Schulgesetz in der Regel eine Aufnahme nach der 8. Klasse möglich ist und, in nahezu allen Bundesländern alle Abschlüsse – vom Hauptschulabschluss bis zur allgemeinen Hochschulreife – erlangt werden können. Auch blieb dem beruflichen Schulwesen die Diskussion um die Verkürzung der Gymnasialzeit erspart.

Nicht erspart hingegen bleibt dieser Schulart, dass sie in einem *abstiegsorientierten Schulsystem* alle Jugendlichen – zumindest solange es um die Erfüllung der Schulpflicht geht – aufnehmen muss. In der Regel stellen sich Berufsschulen diesen Aufgaben mit Engagement, Innovationsbereitschaft und kreativen Ansätzen – wie im 3. Kapitel an Beispielen (Bumerang, Kletterwand versus Kanu) aus der Arbeit in einem Berufsvorbereitungsjahr skizziert wurde. In dem Bewusstsein und der Verantwortung, dass alle das berufsbildende System durchlaufenden Jugendlichen vom *Umtausch ausgeschlossen sind*, werden trotz vielfältigem Schulversagen Abschluss- und Übergangsquoten erreicht, mit denen allenfalls sehr spezifische, auf das jeweilige Schülerklientel ausgerichtete Förderprogramme mithalten können.

So kann der Absolvent des Berufsvorbereitungsjahres, dem im Rahmen der *Gleichwertigkeitsregelung von allgemeiner und beruflicher Bildung* der Hauptschulabschluss zuerkannt wird, in der zweijährigen Berufsfachschule den mittleren Bildungsabschluss erwerben. Neben dem Zugang zur dualen Berufsausbildung, der unter anderem mit dem Haupt- und Realschulabschluss gegeben ist, eröffnet der Weg über eine Assistentenausbildung – als vollzeitschulischer Bildungsgang – doppelqualifizierend eine berufliche Qualifikation sowie ggf. die Fachhochschulreife (fälschlich oft als *Fachabitur* bezeichnet). Je nach Bundesland, führt aufbauend auf dem mittleren Bildungsabschluss auch die Fachoberschule zur Fachhochschulreife.

Wie noch zu zeigen sein wird (Kapitel 6), erwirbt man auch über die *Beruflichkeit mit ihrer bildenden Funktion* (vgl. Kapitel 3) in der Berufsoberschule die fachgebundene und allgemeine Hochschulreife. Mit diesem Schritt steht den Jugendlichen nach erfolgreicher beruflicher Qualifizierung (dual oder vollzeitschulisch) sowohl der Eintritt in das Erwerbsleben als auch der Schritt zur Höherqualifizierung bis zum Zugang zur Hochschule offen. Dies ist ein weiterer Beleg für die Vielfalt von beruflichen Bildungswegen, die Chancen eröffnen.

In diesem Zusammenhang ist auch auf die vielfältigen Möglichkeiten zum Hochschulzugang über berufliche Abschlüsse zu verweisen, die ebenfalls die *Gleichwertigkeit allgemeinbildender und berufsbildender Abschlüsse* belegen. Die Darstellung dessen würde hier den Rahmen sprengen. Eine umfassende Information ist in der Verlautbarung des Sekretariats der KMK vom 08.09.2015 zu finden.

Dennoch stellt man fest, dass bei allen Lobreden auf das Duale System das Interesse anderer Staaten an diesem Qualifizierungssystem – insbesondere außerhalb Europas – nicht hoch ist. Als *Exportschlager* hat es sich bei aller Faszination und der in Deutschland im Vergleich zu anderen Ländern niedrigen Quote der Jugendarbeitslosigkeit nicht erwiesen.

Dabei helfen auch keine Aussagen wie die der ehemaligen Bundesministerin für Bildung und Forschung, Frau Dr. Anette Schavan, die das deutsche Berufsbildungssystem als das *Flaggschiff des Bildungswesens* – so zuletzt anlässlich des 40-jährigen Jubiläums des *Bundesinstituts für Berufsbildung* in Bonn am 27.05.2010 – bezeichnet hat. Ebenso äußerte sich die seinerzeitige KMK-Präsidentin Löhrmann (2014) als Kultusministerin von Nordrhein-Westfalen in ihrem Gastbeitrag, anlässlich einer Festveranstaltung des Unterausschusses für berufliche Bildung.

Diese *Sonntagsreden* finden jedoch keine Entsprechung im Alltag. Demgegenüber ist bei Bildungspolitikern jedweder Couleur, ob im Bund oder den Ländern, ein gerüttelt Maß an Unkenntnis über das berufsbildende Schulsystem festzustellen. Hinzu kommt die Klage der Wirtschaft über die mangelnde Ausbildungsreife der Schulabsolventen und das Mäkeln an der Qualität des *Lernortes Berufsschule*. Doch eine Tatsache ist unumstößlich: Wenn man sich die Ergebnisse der Ausbildungsabschlussprüfungen ansieht, dann fällt in vielen Branchen auf, dass das Versagen im Bereich der praktischen Ausbildung – im *Lernort Betrieb* – anzutreffen ist und nicht in der Leistung der Berufsschule. Auch diese Klage – insbesondere der Wirtschaft – wandelt sich je nach Arbeitsmarkt- und Beschäftigungslage kontinuierlich.

In Zeiten des Lehrstellenmangels waren es die *ungeeigneten Jugendlichen*, die in Fördermaßnahmen mit zweifelhaftem Effekt gedrängt wurden, damit die Zahl der unversorgten Jugendlichen im Dualen System nicht überbordete. Zu dieser Zeit hatten die Betriebe immer häufiger Abiturienten als Auszubildende eingestellt. Das Durchschnittsalter am Beginn der beruflichen Erstausbildung ist seinerzeit auf über 19 Jahre angestiegen – in keinem Land in Europa wird die Erstausbildung so spät begonnen. Mit der Auswahl sind auch die Anforderungen gestiegen, womit der Anschluss des Dualen Systems an die Sekundarstufe I weitgehend verloren gegangen ist, denn die Ausbildungsanforderungen werden von Experten der Betriebe formuliert. Nach all den Jahren orientieren sich diese an der Leistungsfähigkeit von Jugendlichen, deren Abschlüsse zum Studium an einer Hochschule berechtigen. Schwer fällt es dann umzudenken, wenn sich der Ausbildungsstellenmarkt von einem Nachfrage- zu einem Angebotsmarkt gewandelt hat. Man muss sich von vormaligen Handlungsmustern verabschieden, sofern man sich als Betrieb zur Berufsausbildung bekennt und ausbilden will.

Die duale Berufsausbildung in Deutschland soll nach dem System beruflicher Qualifizierung zumindest an die Sekundarstufe I anschließen, wobei das Berufsbildungsgesetz keinen schulischen Abschluss für das Zustandekommen eines Ausbildungsvertrags vorsieht, auch gehen die bildungspolitischen Vorgaben für die Beschreibung der Anforderungen in der Ausbildung (Ausbildungsberufsbild, Ausbildungsrahmenpläne) vom Hauptschulabschluss aus. Zumindest war dies immer die Vorgabe der Politik des Bundes an die Experten, die den Auftrag erhielten, die Ausbildungsordnungen der Berufe zu erarbeiten. Auch weisen dieses die Schaubilder aus, die man ausländischen Gästen zeigt, wenn es um die Präsentation des Dualen Systems geht.

Bringschuld von Wirtschaft und Politik

Die Wirtschaft argumentiert, dass die Konkurrenzfähigkeit Deutschlands nur mit hoch qualifizierten Facharbeitern gesichert werden kann. Dies kann aber nicht bedeuten, dass Anforderungen ohne Rücksicht auf die Menschen gestellt werden. Gerade den Absolventen der Sekundarstufe I muss das Duale System eine realistische Perspektive für eine berufliche Qualifizierung und damit die Chance zu einer eigenständigen Lebensführung eröffnen. Ganze Schülergenerationen haben jedoch in den vergangenen Jahren die Erfahrung gemacht, dass sie nicht gebraucht werden. Was soll denn ein Hauptschüler an Leistungsbereitschaft, Disziplin und Motivation entwickeln, wenn er Jahr für Jahr sieht, dass am Ende Perspektivlosigkeit herrscht und er von einer Warteschleife in die nächste weitergereicht wird? Erst in jüngster Zeit ist der Bund aktiv geworden, um den Förderdschungel der *Einstiegsqualifizierungsmaßnahmen in den Beruf* einzudämmen und zu strukturieren. Im Übrigen gibt es diese Heterogenität der Eingliederungsmaßnahmen nur in Deutschland.

Aufgabe der Bildungspolitik wäre es, die berufliche Bildung stärker in unterschiedliche Qualifizierungsbereiche zu strukturieren, ohne hierbei das *Berufsprinzip als ganzheitlicher Qualifizierungsrahmen in Inhalt, Qualität und Dauer* aus dem Blick zu verlieren. Nach dem Motto *Nicht gleich alles auf einmal* sollten Anforderungen in der Erstausbildung und Weiterbildung stärker differenziert werden. Das würde sich zumindest in der beruflichen Erstausbildung nicht unwesentlich auf die Abschlussquote einer qualifizierten Berufsausbildung auswirken.

Die Länder haben in der KMK bereits vor mehr als zehn Jahren vor der Entwicklung zu immer komplexeren Berufsbildern gewarnt und entsprechende Konzepte vorgeschlagen. Für die duale Berufsausbildung ist nach unserer Verfassung allein der Bund in der Rolle des Wirtschaftsministers zuständig, der aber überlässt das Geschäft weitestgehend der Wirtschaft.

Auch der friktionsfreie Übergang in die Beschäftigung im Anschluss an die Ausbildung, der jahrelang als Argument für die Tatenlosigkeit angeführt wurde, ist vielfach durch tarifvertragliche Vereinbarungen über kurzzeitige bzw. befristete Weiterbeschäftigung nach der Ausbildung geschönt. Ein Beleg unter anderen ist der regelmäßige Anstieg der Arbeitslosenzahlen im Sommer, da dann viele Ausbildungsverhältnisse enden und eine Übernahme in Beschäftigung nicht gegeben ist.

Jetzt, da die voraussehbare Delle der demografischen Entwicklung greift, wird über freie und unbesetzte Ausbildungsstellen lamentiert. Demgegenüber bilden, wie in der Pressemeldung des *Bundesinstitutes für Berufsbildung* (BBiB) vom 15.10.2015 zu lesen ist, immer weniger Betriebe aus, obgleich es nach wie vor hinreichende Bewerberzahlen gibt. Das Problem ist nach wie vor, so die Analyse des BBiB, dass man auf die Ausbildung verzichtet, wenn man den

Wunschauszubildenden nicht findet. Statt sich der gesellschaftlichen Verantwortung zu stellen, Jugendlichen eine Chance zu bieten, wartet man auf die *Eier legende Wollmilchsau*, doch deren Züchtung scheitert derzeit noch an genetischen Problemen.

Auch ist vor dem Hintergrund der nach wie vor hohen Zahl der Jugendlichen, die sich in vollzeitschulischen Bildungsgängen befindenden, die überwiegend einen mittleren Bildungsabschluss haben, zu fragen, wo das kreative Potenzial der Betriebe und der Kammerorganisationen ist, diese Jugendlichen für eine duale Ausbildung zu gewinnen. Die dann frei werdenden Schulplätze und die damit verbundenen Ressourcen wären geeignet Angebote für Migranten zu konzipieren, denn diejenigen, die sich in schulischen Vollzeitbildungsgängen befinden, verfügen bereits über die deutsche Sprache, deren Fehlen bei den Migranten zweifelsohne ein Ausbildungs- und damit Qualifizierungshemmnis darstellt.

Doch die Fahne nach dem Wind zu drehen mag bezogen auf die Verfallszeit politischer Verantwortung eine Handlungsmaxime sein. Ebenso das Beklagen der Betriebe, der Innungen und Kammern über die Mängel am Ausbildungsmarkt. Nun ist es bekanntlich einfacher Forderungen zu stellen, als sich dem Handeln zuzuwenden. Wo hat man bisher gehört, dass überbetriebliche Ausbildungseinrichtungen – die letztlich vom Steuerzahler finanziert wurden und in denen oft freie Kapazitäten vorhanden sind – für die Qualifizierung von Migranten geöffnet werden? Warum erhalten z. B. Auszubildende, die den überwiegenden Teil ihrer Ausbildungsvergütung für Fahrten zur Arbeitsstätte und Berufsschule aufwenden, keinen angemessenen Fahrtkostenzuschuss?
Interessant ist in diesem Zusammenhang auch die Vergütung, die die Länder Jugendlichen zahlen, wenn eine Beschulung nur an

einem weiter entfernten Berufsschulstandort möglich ist, was eine auswärtige Unterbringung erfordert. Mit einer Übernachtungspauschale, die sich z. B. in Rheinland-Pfalz mit ca. 12,- € noch im Mittelfeld der Länder bewegt, ist allenfalls eine Übernachtung in einer Jugendherberge möglich! Auch kann man die Frage stellen, um welche zukunftsfähigen Berufe, die freie Ausbildungsstellen bieten, handelt es sich? Handeln die Jugendlichen und deren Eltern nicht marktkonform und zweckrational, indem sie eine Entscheidung *für oder gegen et*was treffen, insbesondere wenn der angebotene Beruf wenig Chancen und Entwicklungen erwarten lässt?

Deshalb mein Fazit:
Veränderungen im Bildungswesen sind erforderlich, nicht Gemecker über den eigenen Nachwuchs. Kinder kommen nicht nach anderen Leuten, es sind die Kinder dieser Gesellschaft! Auch sollte man sich Fragen: Wenn mittlerweile viele Jugendliche, die einen Ausbildungsplatz suchen, aus einer Warteschleife kommen, stammen sie alle aus sozial benachteiligten Elternhäusern?
Wäre es nicht an der Zeit, sich an die eigene Nase zu fassen und zuzugeben, dass Fehler sowohl in den allgemeinbildenden Schulen als auch bei der Nachqualifizierung gemacht wurden? Jetzt, da scheinbar Fachkräfte wieder knapp werden – berücksichtigt man dazu die noch unabsehbaren Arbeitsmarktveränderungen durch den sich entwickelnden Industriestandard 4.0 bzw. das Internet der Dinge – zeigen sich die Sünden der Vergangenheit. Darum sollte man den Jugendlichen mit mehr Verständnis gegenübertreten, da wie erwähnt ein Umtausch nicht möglich ist. Kosten, die nach wie vor für die Nachqualifizierung ausgegeben werden, sind oft das Resultat der Bestenauslese und der Reformunwilligkeit früherer Jahre.

Ordnungsrahmen der Berufsbildung

Betrachten wir im Folgenden noch den Ordnungsrahmen, der die berufliche Bildung determiniert. Hierbei gehe ich nur auf wesentliche Aspekte ein, da sich ein weitergehender Überblick im Internet schnell recherchieren lässt.

Eine zentrale Rechtsgrundlage stellt das Berufsbildungsgesetz dar. Dieses Gesetz, das unter der Ära Brandt in der sozialliberalen Koalition entstand, ist ein Ergebnis der seinerzeit propagierten inneren Reformen, die mit dem Ziel der Demokratisierung der Gesellschaft eingeleitet wurden. Nach Brandt sollten unter den Schlüsselbegriffen *Mitwirkung, Mitbestimmung* und *Planung* die Bereiche *Bildung und Ausbildung* sowie *Wissenschaft und Forschung* an der Spitze der Reformen stehen. *Chancengleichheit* und *Soziale Demokratie* waren Leitmaxime der Bildungspolitik. Schön wäre es, wenn man diese Aussagen heute auch aus einem Politikermund vernehmen würde, aber dann verbunden mit dem Willen der Umsetzung, wie seinerzeit geschehen.

Das Berufsbildungsgesetz *(BBiG)* regelt die Berufsausbildung (Duales System), die Berufsausbildungsvorbereitung, die Fortbildung sowie die berufliche Umschulung (§ 1, Abs. 1). Ferner legt das Gesetz die Voraussetzungen fest, die für ein Berufsausbildungsverhältnis bestimmend sind.
Die Gesetzgebungskompetenz fällt in die konkurrierende Kompetenz zwischen Bund und Ländern. Für dieses Gesetz war 1969 eine Genehmigung der Bundesregierung nach Art. 113 GG (in der Schlussformel des Berufsbildungsgesetzes abgedruckt) notwendig.
Eine erste Novellierung erfuhr das Berufsbildungsgesetz zum 1. April 2005. Hierbei ging es nach Aussage des *Bundesministe-*

riums für Bildung und Forschung im Wesentlichen darum *die Ausbildungschancen zu sichern und zu verbessern und eine hohe Qualität der beruflichen Ausbildung für alle jungen Menschen zu gewährleisten – unabhängig von ihrer sozialen oder regionalen Herkunft. Das Duale System der beruflichen Bildung bietet allen jungen Menschen die Chance, eine qualifizierte Beschäftigung aufzunehmen und damit ihr Leben selbstverantwortlich zu bestimmen. Das Duale System sichert* – so das Ministerium – *ferner den Fachkräftebedarf der Zukunft und trägt entscheidend zur Wettbewerbsfähigkeit und zum Wohlstand Deutschlands bei. Dieses Ziel in ganz Deutschland zu erreichen ist Aufgabe des Bundes, nicht zuletzt, um Innovations- und Wettbewerbsfähigkeit der Wirtschaft mit gut ausgebildeten Nachwuchskräften zu sichern* (vgl. Internetveröffentlichung des BMBF).

Die erweiterten Handlungsspielräume des neuen Berufsbildungsrechts beinhalten unter anderem:

- die Möglichkeit der Anrechnung von Qualifikationen auf die Berufsausbildung aus Maßnahmen der Bundesagentur für Arbeit oder Sonderprogrammen,
- die Ermächtigung der Landesregierungen, dass Jugendliche einer vollzeitschulischen Ausbildung außerhalb des Geltungsbereiches des BBiG einen erleichterten Zugang zur Kammerprüfung erhalten (rund 219.700 Auszubildende befanden sich im Schuljahr 2011/2012 in vollzeitschulischen Ausbildungsgängen an den berufsbildenden Schulen),
- die Reform der schulischen Curricula mit dem Ziel der Deckungsfähigkeit mit den Ausbildungsordnungen relevanter Berufe, sodass die AbsolventInnen, die die Kammerprüfung bestehen, damit die neu eröffneten Möglichkeiten auch nutzen können,
- die Verknüpfung des Abschlusses von Berufsbildungsgängen mit weiterführenden Schulabschlüssen,

- die Möglichkeit, neue inhaltliche und zeitliche Formen der Kooperation betrieblicher und schulischer Ausbildung zu vereinbaren, um die Ausbildungsqualität zu steigern und Ausbildungskapazitäten optimal zu nutzen (Ausbildungsverbünde) (vgl. Internetveröffentlichung des BMBF).

Zur Reform, die eigentlich als *Reförmchen* anzusehen ist, noch ein Blick auf Anspruch und Wirklichkeit:

Realität war bis zum Inkrafttreten des Berufsbildungsreformgesetzes, dass AbsolventInnen einer schulischen Berufsausbildung auf dem Arbeitsmarkt nicht in gleicher Weise akzeptiert wurden, wie diejenigen einer dualen Berufsausbildung. Ein erheblicher Teil dieser Jugendlichen nahm im Anschluss an die schulische Berufsausbildung noch einmal eine duale Berufsausbildung auf. Diese die Ausbildungszeit unnütz verlängernde Schleife war und ist der Ignoranz der Kammerorganisationen geschuldet, missachtet schulisch erworbene Qualifikationen und stellt eine Verschwendung von Bildungsressourcen sowie eine Missachtung der erworbenen Kompetenzen junger Menschen dar.

Auch nach der Reform hat sich dieser Zustand nicht nennenswert verändert, da die Schwerfälligkeit der Anerkennung erbrachter Leistungen durch die Kammern und die Akzeptanz des *Lernortes Berufsschule* zu wünschen übrig lässt. Selbst der Beweis der Deckungsfähigkeit der schulischen Inhalte mit dem Berufsbild, der Nachweis der erlangten Kompetenz und eine mit den Kammern z. B. in Rheinland-Pfalz geschlossene Vereinbarung zur Anrechnung, führte zu keinem nennenswerten Anstieg der Anerkennung und Zulassung zur Kammerprüfung. *Gleiches* wurde als *ungleich* definiert, die Ausbildungszeit und damit die Lebenszeit junger Menschen wurde und wird auf diese Weise vergeudet. Die Aussage des Bundes im Rahmen der Reform, dass das neue Berufsbildungsgesetz den Ländern die Möglichkeit eröffnet sicherzustellen, dass schulische Berufsausbildungszeiten in anerkannten Ausbildungsberufen genauso zählen wie betriebliche Ausbildungszeiten, habe ich in meiner beruflichen Tätigkeit nur sehr selten erlebt.

Abschließend noch ein kurzer Blick in die Ordnungsstrukturen der beruflichen Bildung; hierbei lehne ich mich im Wesentlichen am Berufsbildungsgesetz (BBiG) an:
Was den Ordnungsrahmen betrifft, sind in § 4 u. a. die Berufsbezeichnung sowie die mit dieser verbundenen Kenntnisse und Fähigkeiten geregelt. Festgelegt wird dies in der Ausbildungsordnung, die den inhaltlichen und zeitlich gegliederten Rahmen der Berufsausbildung beschreibt.
Weitere wesentliche Aspekte sind die vertraglichen Regelungen, die Rechte und Pflichten, die sich für die Beteiligten (Betrieb, Auszubildende) hieraus ergeben, das Prüfungswesen sowie die Rolle und Funktion der zuständigen Kammern im Rahmen der Berufsausbildung. Analysiert man das BBiG bezogen auf die Rolle der Berufsschule, so kommt diese nur in § 2 (Lernorte der Berufsausbildung) vor. Hier wird festgestellt, dass die berufsbildenden Schulen ein Lernort sind. Weiterhin führen die Paragrafen 14 und 15 aus, dass Auszubildende zum Besuch der Berufsschule anzuhalten und freizustellen sind.

Nun könnte man aufgrund der Bedeutung der Berufsschule im Rahmen der dualen Berufsausbildung kritisieren, dass diese nur eine Randrolle einnimmt. Dennoch, ohne die schulische Qualifizierung, die Fachkompetenz der Lehrkräfte, der Innovationsbereitschaft – verbunden mit der Motivation, sich neuen Herausforderungen zu stellen – wäre das Duale System nicht lebensfähig. Schließlich vermittelt die Berufsschule über die Rahmenlehrpläne nicht nur die theoretische, sondern vielfach auch die fachpraktische Expertise, die dazu befähigt, sich im Beruf zu behaupten und die Berufsabschlussprüfung zu bestehen. Ferner wäre ohne die tatkräftige und qualifizierte Mitwirkung der Lehrkräfte an berufsbildenden Schulen u. a. das Prüfungswesen der Berufsabschlussprüfungen nicht in dieser fachlichen Kompetenz für die Kammern durchführbar.

Bundesinstitut für Berufsbildung – Expertise auf hohem Niveau

Eine Besonderheit zeichnet das berufliche System auch noch dadurch aus, dass dem Bund zu allen Fragen der Berufsbildung das ihm nachgeordnete *Bundesinstitut für Berufsbildung* (BIBB) beratend zur Verfügung steht.

Das BIBB als Kompetenzzentrum stellt zu allen Fragen der beruflichen Qualifizierung seine Expertise bereit. Auch steht im Fokus seiner Tätigkeit die Erforschung und Weiterentwicklung der beruflichen Aus- und Weiterbildung in Deutschland. Das Institut identifiziert Zukunftsaufgaben der Berufsbildung, fördert Innovationen in der nationalen wie internationalen Berufsbildung und entwickelt neue, praxisorientierte Lösungsvorschläge für die berufliche Aus- und Weiterbildung.

Neben der Berufsbildungsforschung als einem Schwerpunkt, besteht als weitere zentrale Aufgabe die Mitwirkung
- an der Vorbereitung von Ausbildungsordnungen und sonstigen Rechtsverordnungen nach dem BBiG oder nach dem zweiten Teil der Handwerksordnung,
- an der Vorbereitung des Berufsbildungsberichts,
- an der Durchführung der Berufsbildungsstatistik,
- bei Modellversuchen, einschließlich deren wissenschaftlicher Begleituntersuchungen,

- an der internationalen Zusammenarbeit in der beruflichen Bildung, im Zentrum der Tätigkeit des Instituts.

Als zentrales Organ – als sogenanntes *Parlament der Berufsbildung* – agiert der Hauptausschuss. Er ist Organ des BIBB und zugleich gesetzliches Beratungsorgan der Bundesregierung in grundsätzlichen Fragen der beruflichen Bildung. In ihm wirken mit gleichem Stimmenanteil Beauftragte der Arbeitgeber und Gewerkschaften, der Länder und des Bundes (*Bänke*) zusammen. An den Sitzungen des Hauptausschusses können je ein Beauftragter oder eine Beauftragte der Bundesagentur für Arbeit, der auf Bundesebene bestehenden kommunalen Spitzenverbände sowie des wissenschaftlichen Beirats mit beratender Stimme teilnehmen.

Der Hauptausschuss ist das Beschlussorgan in Angelegenheiten des BIBB, soweit sie nicht dem Präsidenten oder der Präsidentin übertragen sind. Ferner berät er die Bundesregierung in grundsätzlichen Fragen der Berufsbildung und gibt zu dem Entwurf des Berufsbildungsberichts, der jährlich erstellt wird, eine Stellungnahme ab. Der Hauptausschuss bezieht Stellung zu den Entwürfen der Ausbildungsordnungen und Rechtsverordnungen des Bundes zu Fortbildungsprüfungen.

Mit dem BIBB verfügt der Bund über eine Einrichtung, deren fachliche Expertise in zahlreichen Bildungsaspekten wegweisende Beratungsleistungen zur Verfügung stellt die, orientiert man sich an ihnen, zukunftsgerichtet und nachhaltig die berufliche Qualifizierung sowohl im nationalen als auch internationalen (europäischen) Kontext sichern. Die durch das BIBB geleistete Forschungsarbeit in allen Fragen der Aus-, Fort- und Weiterbildung führt, durch die Excellence des Institutes, zu einer fachlichen Expertise, die in Europa ihresgleichen sucht.

Grenzen des Kulturföderalismus in der Berufsbildung

Zusammenfassend kann festgehalten werden, dass mit der skizzierten Darstellung der wesentlichen Ordnungskriterien der beruflichen Bildung aufgezeigt werden sollte, dass das berufliche Qualifizierungssystem, mit seiner bundeseinheitlichen Ausrichtung deshalb so schlagkräftig ist, weil Partikularinteressen der Länder im System der beruflichen Bildung nicht greifen, da die Länderkompetenz dort endet, wo es um fachliche Inhalte der Berufsausbildung geht, die eine bundesweite Übereinstimmung in den Ausbildungsordnungen und den darauf ausgerichteten schulischen Rahmenlehrplänen des Dualen Systems haben.

Erschreckend und wenig zielführend wäre die Vorstellung, wenn es ein *Berufsbild Brauer/in und Mälzer/in* in Bayern und Norddeutschland gäbe, das unterschiedliche Ausbildungsinhalte hätte. Wie sähe z. B. eine Kochausbildung unter dem Kulturföderalismus aus? Würde die *Weißwurst* oder die *Scholle nach Finkenwerder Art* Ausbildungsgegenstand sein? Sinnhafterweise sind die Ausbildungsordnungen und die hierauf bezogenen schulischen Rahmenlehrpläne bundeseinheitlich. Damit ist eine bundesweite Ausbildungsqualifikation gesichert – sieht man von der mitunter qualitativ sehr differierenden betrieblichen Ausbildung ab, die ohne nennenswerte Probleme, je nach Beruf, durch regionalspezifische Besonderheiten fachlich ergänzt und damit differenziert werden können. Das ist über Zusatzqualifikationen oder die Nutzung curricularer Freiräume, die in jedem Ausbildungsrahmenplan gegeben sind, möglich.

Damit unterscheidet sich das berufsbildende Schulsystem fundamental vom allgemeinbildenden Schulsystem. Die Einflussmöglichkeit im Sinne von Gestaltung ist durch die bundesweit geregelte Berufsausbildung durch die Länderkultusverwaltung sehr begrenzt. Lediglich was die berufsübergreifenden oder allgemeinbildenden Fächer betrifft sowie beim Stundenumfang, für die berufsbezogenen Fächer, können die Länder ihren Einfluss geltend machen. Insbesondere der Umfang des berufsbezogenen Unterrichts, der mindestens acht Wochenstunden umfassen sollte, stellt die Lehrkräfte bei einer Verkürzung der Stundentafel, z. B. aufgrund eines Mangels an Lehrkräften, vor große Herausforderungen, da die häufig normierten und länderübergreifenden Abschlussprüfungen davon ausgehen, dass alle Lerninhalte qualifiziert und umfassend unterrichtet worden sind.

Unterausschuss für Berufsbildung – Mitspieler auf der Kultusseite

Als Pendant zum Hauptausschuss beim BIBB kann man verallgemeinernd auf der Seite der Kultusverwaltung den *Unterausschuss für berufliche Bildung* ansehen. Wie im Kapitel 4 skizziert, prägt hier wieder der Kulturföderalismus die Arbeitsstrukturen. Der Unterausschuss als Gremium von 16 Ländern repräsentiert in seiner Besetzung die Kompetenz und Entscheidungsebene im administrativen Bereich der Kultusverwaltung. Die im Unterausschuss erarbeiteten Empfehlungen der Berufsbildungsexperten, die teilweise unter Federführung der Experten des Sekretariats der KMK vorbereitet oder erstellt werden, müssen in den Schulausschuss geleitet und von diesem akzeptiert werden, um dann gegebenenfalls der politischen Ebene (KMK-Präsidium) zur Entscheidung vorgelegt werden zu können. Dieses umständliche Prozedere, das ich im Kapitel 4 als *moderne Käfighaltung* bezeichnet habe, legt Experten einen Maulkorb an, obgleich niemand besser einschätzen kann, als die Fachleute aus den beruflichen Abteilungen/Referaten der Kultusministerien der Länder, welche Schritte notwendig sind, um das Berufsbildungssystem weiterhin zukunftsfähig auszurichten.

So hat der *Unterausschuss für berufliche Bildung* in seiner *Rahmenvereinbarung über die Berufsschule vom 12.03.2015* (vgl. www.KMK.org) den Bildungs- und Erziehungsauftrag dahin gehend fixiert, dass die Berufsschule als gleichberechtigter Partner in der Berufsausbildung gegenüber den Schülerinnen und Schülern die Verpflichtung hat, den Erwerb der berufsbezogenen und berufsübergreifenden Kompetenzen vor dem Hintergrund der beruflichen Anforderungen zu erfüllen. Hierzu gehört auch die Befähigung zur Mitgestaltung der Arbeitswelt und Gesellschaft in sozialer, ökonomischer und ökologischer Verantwortung. In diesem Zusammenhang stellt der Erwerb beruflicher Handlungskompetenz, die sowohl fachliche als auch die personale Kompetenz umfasst, neben der Bereitschaft und Befähigung des Einzelnen, sich in beruflichen, gesellschaftlichen und privaten Situationen sachgerecht, durchdacht sowie individuell und sozial verantwortlich zu verhalten, flexibel und mobil auf sich wandelnde Anforderungen zu reagieren, eine Kernkompetenz dar.

Wie bereits mehrfach aufgezeigt, dient hierzu ein differenziertes und flexibles Bildungsangebot. Ferner ein Unterricht, der handlungsorientiert ist und in seiner ganzheitlichen fachlichen und inhaltlichen Struktur den Jugendlichen befähigt, selbst verantwortet seine Berufs- und Lebensplanung zu gestalten. Des Weiteren definiert die Rahmenvereinbarung diejenigen Voraussetzungen, die notwendig sind, um diese Ziele zu erreichen.

Der Ausschuss gibt Stellungnahmen zur Organisation und Dauer sowie zum Unterrichtsumfang ab. Er befindet über Lehrpläne, die an den Berufsschulen kompetenzorientiert ausgerichtet sind und, in Abhängigkeit von der Entwicklung der Berufe, permanent angepasst werden.

Was den wenigsten bekannt sein dürfte, sind die Abschlüsse und Berechtigungen, die mit einer erfolgreichen Berufsausbildung zu erreichen sind. So schließt das Abschlusszeugnis der Berufsschule den Hauptschulabschluss ein, sofern dieser bei Beginn der Berufsausbildung nicht gegeben war. Verfügt man über den Hauptschulabschluss, so kann man beim Nachweis von einem Notendurchschnitt von 3,0 und entsprechender Fremdsprachenkenntnisse (mindestens 5 Jahre), den mittleren Schulabschluss zuerkannt bekommen (Gleichwertigkeitsregelung). Ebenso sind Hochschulzugangsmöglichkeiten gegeben, ein Aspekt, der erneut im folgenden Kapitel Erwähnung findet.

Zusammenfassend ging es mir in der gebotenen Kürze darum zu verdeutlichen, welche Vielfalt das berufsbildende System demjenigen bietet, der den Willen hat sich zu qualifizieren. Es ist ein Bildungssystem, das keine Bildungssackgassen enthält, da es zu jedem Abschluss eine Anschlussqualifizierung bietet. Dies bis in die Ebene der Fachschulen als geprüfter Techniker oder Betriebswirt, um nur zwei Beispiele zu nennen. Auch ist ein qualifikatorischer Zusammenhang zum *Deutschen Qualifikationsrahmen* (DQR) und *Europäischen Qualifikationsrahmen* gegeben, eine Thematik, die nachfolgend erörtert wird. Vor diesem Hintergrund verfügt kein anders Schulsystem über diese Nähe zu aktuellen Entwicklungen, sowohl in der Industrie, dem Handwerk, bei Handel und Dienstleistung als auch dem Gesundheits- und Sozialwesen.
Die Ausbildungsordnungen und die hierauf bezogenen schulischen Rahmenlehrpläne in ihrer kompetenzbasierten Struktur sind so angelegt, dass es den Auszubildenden ermöglicht wird, umfassend, in einem ganzheitlichen Lernzusammenhang (Lernfeldkonzeption) dazu befähigt zu werden, betriebliche Abläufe in ihrer Prozessstruktur erfahrbar, damit erkennbar und handelbar werden zu lassen. Dieses ermöglichen Lehrkräfte, die sich stets nah an ihrer Profession orientiert (z. B. Ingenieur-, Wirtschafts- und Gesundheitswissen-

schaften) mit den Entwicklungen in ihren Berufsgruppen (z. B. Metall, Elektro, Wirtschaft und Verwaltung, Gesundheitswesen etc.) auseinandersetzen und zielgerichtet fortbilden.

Diese hier nur bruchstückhaft skizzierten Eigenschaften des beruflichen Schulsystems, bieten jedem Bildungswilligen ein breites Bildungsportfolio, das mit dem Adjektiv *vielfältig* eher verhalten typisiert ist.

8. Vielfalt der Qualifizierungskonzepte in der beruflichen Bildung

Bei der folgenden Darstellung des beruflichen Qualifizierungssystems verzichte ich darauf, detailliert auf die jeweiligen Bildungsgänge einzugehen, da die Bildungsangebote in den Bundesländern sich nicht wesentlich unterscheiden. Deshalb stelle ich nur die *Vielfalt der Möglichkeiten, deren Abschlüsse und Anschlüsse* dar, da hierin ein fundamentaler Unterschied zum allgemeinbildenden Schulsystem liegt.

Auch ist es meine Absicht darzulegen, was ich unter *Bildung neu denken* verstehe. Ein Aspekt des *neu Denkens* stellt das Konzept der *modularen Qualifizierung* vor, das in diesem und dem darauf folgenden Kapitel dargestellt wird. An den pädagogischen Leitgedanken und Erfahrungen soll verdeutlicht werden, wie ein Qualifizierungskonzept aussehen kann, dass an den mitgebrachten Kompetenzen der SchülerInnen ansetzt, sie sozusagen dort abholt wo sie stehen und sie nach besten Möglichkeiten sowohl fordert als auch fördert.

Die hierbei eingeflossenen Erfahrungen resultieren aus meiner seinerzeitigen Verantwortung für die Strukturentwicklung des Berufsschulwesens in Rheinland-Pfalz, die in Gänze umgesetzt wurde und die seit mehreren Jahren die Praxis an den beruflichen Schulen prägt. In die Überlegungen der Strukturreform sind Erfahrungen aus einer langjährigen Tätigkeit als Schulleiter, Lehreraus- und -fortbilder sowie als Berufsschullehrer eingeflossen. Die aus dem Erfahrungshintergrund dieser Tätigkeit erwachsene Erkenntnis, dass Schule, wenn man sie lässt, veränderbar ist, es keiner rechtlichen Gängelung bedarf, vielmehr der rechtliche Rahmen einer *Ermöglichung* Raum geben sollte, ist meine Grundüberzeugung. Hierzu bedarf es Schulleitungen, die den Willen zur Gestaltung habe, eine *Leitkultur der offenen Schule* und keine *Regelungs- und Gängelungskultur* praktizieren. Wenn dann noch eine Schulaufsicht hinzutritt, die sich weniger der Rolle der *Aufsicht*, sondern mehr der der *Beratung, Unterstützung und Begleitung* verpflichtet fühlt, dann kann dies alles die jeweilige Schule – in ihrer spezifischen Besonderheit zum Wohl derjenigen, die sie besuchen (müssen) – wachsen lassen.

Die an der Beruflichkeit orientierten Lerninhalte unterscheiden sich grundlegend von denen des allgemeinbildenden Schulsystems, denn hier liegt eine der Ressourcen, die andere Lehr- und Lernkonzepte bieten, die Motivation bei Jugendlichen freisetzt und im berufspraktischen Handlungsvollzug die Sinnhaftigkeit unterrichtlicher Inhalte erschließt. Dieses begünstigt nicht unwesentlich die Bereitschaft zum Lernen. Vor diesem Hintergrund (vgl. Kapitel 3) kann man einer der Thesen von Blankertz (Blankertz 1982, S. 141) zustimmen, dass *die Wahrheit der Allgemeinbildung ... die spezielle oder berufliche Bildung ...* ist. Nach ihm kann Bildung niemals als *allgemeine Bildung* erworben werden, sondern immer nur in der Auseinandersetzung mit bestimmten Gegenständen bzw. Handlungssituationen und den sich daraus ergebenden Anforderungen. Diese wiederum resultieren aus den jeweiligen gesellschaftlichen Bedingungen, sozusagen steht der Lernende vor der Aufgabe sich die Welt, mit der er es zu tun hat – im Kleinen wie im Großen – zu erarbeiten bzw. zu erschließen. Eine autonome Festlegung durch die Pädagogik scheidet hierbei aus. Folglich hat Bildung dem zu Bildenden zu dienen, um nicht nur, wie bereits ausgeführt, zur Stärkung seines *Ichs*, sondern auch zum Selbst-, Sach- und Weltverstehen beizutragen. Um nochmals mit Klafki (Kapitel 3) zu sprechen: Es sind Lerninhalte in den Mittelpunkt zu stellen, die in ihrer Exemplarik eine Gegenwarts- und Zukunftsbedeutung haben oder mit Giesecke (Giesecke, 2001, S. 51) gesprochen: *Bildung ist die einzig tragfähige pädagogische Idee, die in der Moderne Orientierung gibt.*

Als schulischer Lernort sind berufsbildende Schulen nicht nur im System der dualen Berufsausbildung über das Duale System (betrieblicher und schulischer Lernort) eingebunden, sondern wie bereits ausgeführt gibt es eine Reihe an Bildungsgängen, die zu Abschlüssen führen, die man auch im allgemeinbildenden Schulsystem erwerben kann. Der curriculare Unterschied (Lehrplan), aber auch die Lehr- und Lernformen unterscheiden sich dadurch, dass auch in den allgemeinbildenden Fächern ein Berufsbezug hergestellt wird. Mit anderen Worten: der Lerngegenstand wird mit einer Anwendungs- oder Handlungsoption verknüpft, die dem Lernenden verdeutlicht, wozu der Lerngegenstand dient.

Dies ist durch die Qualifikation der Lehrkräfte gegeben, die vielfach z. B. ein ingenieurwissenschaftliches Studium mit einem allgemeinbildenden Fach (Sprachen, Mathematik, Politik etc.) kombiniert haben, eine Kompetenz, die als Lehrbefähigung vorliegt. Auch kann davon ausgegangen werden, dass bei einem Berufspädagogen die Identifikation sowohl über das zu vermittelnde Fach als auch die *Rolle als Pädagoge* gegeben ist. Eine Rolle, die sich mit der geistigen Führung und Lenkung (Coppei, F., *Der fruchtbare Moment* ...) des Unterrichts identifiziert und nicht zuletzt darauf beruht, dass die meisten Lehrkräfte über eigene berufliche Erfahrungen außerhalb des Schulwesens verfügen. Auch orientiert sich die Lehrerausbildung in der zweiten Phase, die sich an das Studium anschließt, an dem schon mehrfach skizzierten Aspekt der Beruflichkeit.

Wendet man sich der dualen Berufsausbildung zu, so ist die Ausbildungsordnung mit ihrer zeitlichen und sachlichen Gliederung die Richtschnur für die betriebliche Qualifizierung. Die hierauf basierenden Rahmenlehrpläne umfassen die berufsschulischen Inhalte. Das erklärt, warum die beruflichen Schulen eine tragende Rolle im Rahmen der Qualifizierung in der Ausbildung und Fachkräftesicherung der Wirtschaft einnehmen.

Dabei orientieren sich, insbesondere vor dem Hintergrund eines zunehmend dynamischen Aus-, Fort- und Weiterbildungsmarktes im Rahmen des *lebenslangen Lernens*, die Lernorte *Betrieb* und *berufsbildende Schule* an den sich wandelnden Bedingungen am Arbeitsmarkt. *Flexibilität* und *Durchlässigkeit* sind hierbei notwendige Voraussetzungen sowohl für eine kontinuierliche Anpassung an die Qualifikationsanforderungen als auch die Öffnung zur Höherqualifizierung z. B. durch einen Übergang zur Fach- oder Fachhochschule.

Dieses differenzierte, in sich schlüssige und aufeinander abgestimmte Bildungssystem, das von der Aus- über die Fort- bis zur Weiterbildung reicht, eröffnet und sichert persönliche und berufliche Bildungs- und Entwicklungschancen.

Basis eines eigenständigen, gleichwertigen und integrierten Berufsbildungssystems, wie es die *BIBB-Agenda 2000 plus* (Hrsg.: BIBB; *Impulse*) fordert, ist u. a. die Berücksichtigung einer veränderten Lehr- und Lernkultur. Dies ist vor dem Hintergrund eines veränderten Schülerklientels, veränderten Anforderungen durch neue bzw. neu geordnete Ausbildungsberufe sowie berufspädagogische Entwicklung (Lernfeldkonzeption, Handlungslernen, Selbstlernkompetenz) zu sehen, die bestimmend für die Qualifizierung sind.

Hierbei sollte es u. a. Ziel sein, die stärkere Verzahnung von beruflicher Aus- und Weiterbildung so zu entwickeln, dass es zu regionalen Berufsbildungsnetzwerken kommt, in die Berufsschulen, Ausbildungszentren der Kammern und Innungen sowie weitere Einrichtungen unterschiedlicher Träger (z. B. Volkshochschulen) eingebunden sind, zumal diese oftmals durch öffentliche Gelder finanziert werden. Durch eine stärkere Vernetzung der beteiligten Träger und Einrichtungen ließe sich das gesamte Qualifizierungssystem effektiver gestalten, Synergieeffekte würden entstehen und es wäre ein effizienter Umgang mit Ressourcen und öffentlichen Mitteln gegeben.

Bildung benötigt nicht immer mehr Mittel, sehr wohl aber deren effiziente Verwendung!

Merkmale des beruflichen Bildungssystems am Beispiel von Rheinland-Pfalz

Bei der Entwicklung einer veränderten Struktur des beruflichen Bildungssystems waren nachfolgende Aspekte die leitenden Prinzipien, unter denen die Schulformen und die diesen nachgeordneten Bildungsgänge zu strukturieren waren:

- Transparenz der Bildungsgänge,
- Durchlässigkeit,
- Flexibilisierung,
- Modularisierung,
- Qualitätssicherung,
- Erweiterung und Differenzierung des Wahlpflichtangebotes,
- Vermittlung von Zusatzqualifikationen (z. B. IT-Kompetenzen),
- Kundenorientierung gegenüber den Jugendlichen (Schülern) und gegenüber den Betrieben, der Wirtschaft sowie der Öffentlichkeit.

Ein zentraler Orientierungspunkt in diesem Prozess war der Blick auf die Lehr- und Lernkultur. Ausgehend von den individuellen Lernbedingungen, bestand die pädagogische Intention darin, den Lehr- und Lernprozess in einen ganzheitlichen Bezugsrahmen einzubetten. Hierbei sind handlungsorientierte Unterrichtskonzepte, der Lernfeldbezug sowie die Vermittlung von Schlüsselqualifikationen die Sinn leitenden Merkmale des Unterrichtsprozesses. Diese sind so planen und durchzuführen, dass die Kompetenz zu selbstständigem Lernen (E-Learning, Selbstlernkompetenz, lebenslanges Lernen) angebahnt und unterstützt wird.

Auch war es ein Ziel, dass Bildungsabschlüsse in einem gestuften Konzept auf unterschiedlichen Qualifikationsebenen erworben werden können. Das erforderte neue Formen des Lehrens und eine zunehmende Selbstbestimmung des Lernprozesses durch die Lernenden. Damit einher geht die Förderung des lebensbegleitenden Lernens. Voraussetzung hierzu war eine hierauf basierende und vorgelagerte Qualifizierung der Lehrkräfte, da die Neuausrichtung des Lehr- und Lernarrangements nicht als Kompetenz vorauszusetzen war.

Die mit dem Prozess der Individualisierung des Lernens einhergehenden Veränderungen für den Lehr- und Lernprozess, wirken sich auf die Klasse, die jeweiligen Schüler sowie auf das Lernarrangement aus. Für die Schülerpersönlichkeit können mit dem veränderten Lernarrangement Prozesse der persönlichen Identitätsbildung einhergehen, ebenso wie die sozialen Beziehungsstrukturen des Einzelnen zur Klasse und von der Klasse auf den Einzelnen sich im Interaktionsprozess dynamisch entwickeln und verändern können. Hinzu tritt eine neue Sicht im Hinblick auf die Selbstgestaltung und die Selbstverantwortung für die eigene Bildung. Diese Strukturveränderungen führen – werden sie ernst genommen – zu Schulentwicklungsprozessen, die sowohl die Organisationsentwicklung als auch die Unterrichtsgestaltung herausfordern und verändern.

Diese als *Kundenorientierung in der Bildung* hier benannten Prozesse, führen/bedingen bei konsequenter Umsetzung zu

- einer höheren Transparenz der unterschiedlichen Bildungswege,
- einer Anerkennung von *Vorleistungen*,
- einem einheitlichen *Qualifizierungssystem*, aufbauend auf der mittleren Reife (in der Teilzeitberufsschule und den Wahlschulangeboten),

- *flexiblen Zugangs- und Ausstiegsmöglichkeiten* auf unterschiedlichen Qualifikationsebenen,
- curricularen *Vernetzungen* unterschiedlicher Schulformen,
- einem *Lernbausteinkonzept* mit thematischen Bezugspunkten zu unterschiedlichen Schulformen und Bildungsgängen, die zu Synergien für die Lernenden und die Organisation führen können (Stundenpläne, Lehrkräfteeinsatz, Ausstattung etc.),
- niveaudifferenzierten Unterrichtsangeboten, strukturiert über *Lernbausteine*, die sich an den *individuellen Lernvoraussetzungen* orientieren,
- *Wahlpflichtfächern*, die schulform- und bildungsgangübergreifend angeboten werden,
- schulform- und bildungsgangübergreifenden Lerngruppen, die mehr Möglichkeiten zur *Niveaudifferenzierung* des Unterrichtsangebotes im Wahlpflicht- und Wahlbereich eröffnen,
- BerufsschulabsolventIinnen, denen sich der uneingeschränkte *Zugang* zu höher qualifizierenden Bildungsgängen öffnet.

Betrachten wir im Folgenden in aller Kürze die wesentlichen Neuausrichtungen, hier gegliedert vom Berufsvorbereitungsjahr bis zur Fachschule als Fort- und Weiterbildungsangebot.

Berufsvorbereitungsjahr

Die Neuausrichtung stellte die Förderungen von Jugendlichen mit geringen Startchancen (soziale-, milieubedingte und/oder sozialisationsbedingte Defizite) in den Fokus, um den Eintritt ins Berufsleben zu begünstigen. Maßnahmen waren ein produktionsorientierter Ansatz (siehe Kapitel 3 – Bumerang, Bau eines Kanus) begleitet durch Stütz- und Fördermaßnahmen sowie gelenkte Praktika. Die

Praktika dienten dazu, die Übergangsschwelle in eine Berufsausbildung oder eine berufliche Tätigkeit zu senken, sowie einen *Klebeeffekt mit dem Ziel der Übernahme in Ausbildung* zu bewirken. Insbesondere durch gelenkte Praktika wurden betriebliche Erfahrungsbereiche sinnvoll in die Ausbildung integriert und die Jugendlichen an die betriebliche Realität herangeführt. Häufig eröffnet sich dadurch die Möglichkeit, dass ein Ausbildungsvertrag zustande kommt.

Der Unterricht basiert (didaktisch/methodisch) auf einem neu konzipierten Lehrplan, der insbesondere die soziale und berufliche Integration benachteiligter Jugendlicher berücksichtigt. Das *offene Curriculum* sieht spezielle Angebote für diese Personengruppe vor, wobei im Mittelpunkt der Qualifizierung die Projektarbeit steht, bei der dem produktorientierten Ansatz besondere Bedeutung zukommt. Die hierauf ausgerichtete Stundentafel sieht neben berufsübergreifenden Fächern einen berufsbezogenen fachtheoretischen und fachpraktischen Unterricht vor, der miteinander verzahnt wird. Der Erwerb von Teilqualifikationen (z. B. Medienkompetenz, Teilnahme an Sicherheitskursen), die von der Schule neben dem Zeugnis gesondert zertifiziert werden, ist ein nicht zu unterschätzender, die Identität stärkender Aspekt (*Ich habe was erreicht, ich kann was!*) Zum Beispiel wurde im Bereich *Holztechnik* ein Zertifikat ausgestellt das bescheinigt, dass man eine Holzbearbeitungsmaschine fachgerecht einrichten kann und einen Probelauf im Rahmen der Inbetriebnahme durchgeführt hat.

Berufsschule in Teilzeitunterricht

Grundlage eines beruflichen Qualifizierungssystems ist eine solide Erstqualifikation. Seine Kernkompetenz zeichnet sich durch das

Berufsprinzip mit der Verbindung von theoretischem und praktischem Lernen und der Abschlussorientierung aus. Getragen wird dieses System durch das Konsensprinzip zwischen den Sozialpartnern, das qualitative Mindeststandards in der Berufsbildung sichert.[1]

Im Rahmen des auf Gleichwertigkeit allgemeiner und beruflicher Bildung basierenden Bildungsangebotes, streben die arbeits-/geschäftsprozessorientierten Unterrichtskonzeptionen, die in Lernfelder gegliedert sind, die Vermittlung eines umfassenden beruflichen Handlungskonzeptes an.

Die Differenzierung in *Pflichtunterricht* und *Wahlpflichtunterricht* bietet leistungsschwächeren Förderunterricht und leistungsstärkeren SchülerInnen den Erwerb von Zusatzqualifikationen an. Letztere können fachliche Vertiefungen und Ergänzungen umfassen oder sich an den regionalspezifischen Bedürfnissen der Wirtschaft orientieren. Das abschlussorientierte Angebot von Lernbausteinen – das im folgenden Kapitel dargestellt wird – eröffnet Chancengleichheit im Hinblick auf die individuelle Förderung, orientiert an den Lernvoraussetzungen der Jugendlichen. Ein stützendes Element hierzu ist die Loslösung von der Stundentafel hin zu einem Gesamtstundenansatz in der Ausbildung, der den durch Differenzierung und Flexibilisierung erhöhten Lehrkräftebedarf auffängt. Die veränderte Struktur ist bildungsökonomisch zielführend und erhöht den schulischen Gestaltungsrahmen. Mit anderen Worten: *Die Ausweisung von Gesamtstunden stärkt die Eigenverantwortung der Schule bei der Umsetzung der Lehrpläne.*

---

[1] Das Berufsprinzip geht von einem ganzheitlichen und in sich schlüssigen Berufsbild aus, das in der Erstausbildung angestrebt wird. Eine Auflösung des Berufsbildes in Teilqualifikationen (Modularisierung) wird nicht angestrebt.

Qualifizierungsbausteine

In die Phase der Umsetzung der Strukturentwicklung fiel die Einführung von Qualifizierungsbausteinen zur Ausbildungsvorbereitung als neue Regelung im BBiG. Dieses hier ergänzend zu erwähnen, hat einen praktischen Hintergrund: Gleichzeitig mit der Einführung der Qualifizierungsbausteine wurde festgelegt, dass alle Jugendlichen, die im Rahmen der Ausbildungsvorbereitung der Berufsschulpflicht unterliegen, in Teilzeitberufsschulklassen aufgenommen wurden, die ihrem Berufswunsch entsprachen. Damit wurde der Anspruch eingelöst, jungen Erwachsenen die Grundlagen der beruflichen Handlungsfähigkeit in den Berufen zu vermitteln, die sie anstreben. Da Qualifizierungsbausteine in sich abgeschlossene Teilkompetenzen sind, deren Entsprechung sich in den Ausbildungsordnungen und Ausbildungsrahmenplänen widerspiegeln, lag es nahe, keine Sonderklassen zu bilden sondern Auszubildende und Jugendliche der Ausbildungsvorbereitung gemeinsam zu beschulen. Damit eröffnete sich auch für diese Jugendlichen ein betrieblicher Erfahrungshintergrund, der für alle Beteiligten fruchtbar war. Auch bot dieses Vorgehen die Möglichkeit, dass bei einem Übergang von der Ausbildungsvorbereitung in eine Berufsausbildung ein nahtloser Wechsel unter Anrechnung der Berufsschulzeit und damit der Verkürzung der Ausbildungszeit gegeben war.

Wie so oft, zeigt sich auch hier zwischen dem Anspruch des Gesetzgebers und der Wirklichkeit ein eklatanter Widerspruch. In meiner damaligen Praxis waren mir nur marginal Fälle bekannt, in denen es zu einer Anrechnung und damit zu keiner Verlängerung einer anschließenden Berufsausbildung kam. Auch hier waren die zuständigen Stellen diejenigen, die die Einstiegsqualifizierung (EQJ) insbesondere in Zeiten der hohen Jugendarbeitslosigkeit im Rahmen des Ausbildungspaktes *als überaus erfolgreich* herausstellten. Aus meiner Sicht war es eine *verlängerte Probephase mit ungewissem Ausgang für die Jugendlichen*, da man nach dem Ablauf der EQJ-Maßnahme erneut ohne Ausbildungsplatz dastand. In Fällen, in denen ein Ausbildungsverhältnis zustande kam, wurde die Ausbildungsvorbereitung, auch wenn sie einschlägig war, selten angerechnet.

Berufsfachschule

Die zweijährige Berufsfachschule vermittelt den Sekundarabschluss I (mittlere Reife). Sie ist eine Schulform, die den Zugang mit dem Hauptschulabschluss ermöglicht. Im Rahmen der Transparenz, Flexibilität und Durchlässigkeit, wurde bei der Neugestaltung das Berufsgrundbildungsjahr (BGJ), dessen Sinnhaftigkeit einstmals darin bestand, Jugendlichen eine auf die nachfolgende einschlägige Berufsausbildung anrechenbare Grundbildung zu ermöglichen, abgeschafft. Dieser, die Transparenz stärkende Schritt war zielführend, da das Berufsgrundbildungsjahr nicht mehr die bildungspolitischen Zielsetzungen erfüllte, die einstmals intendiert waren. Insbesondere die ausbildende Wirtschaft missachtete die Anrechnungsregelung, sodass sich die duale Ausbildung durch den Besuch des BGJ meist um ein Jahr verlängerte. Doch der Applaus der Wirtschaft blieb bei der Abschaffung des BGJ aus, obgleich sie bemängelt, dass Jugendliche beim Eintritt in eine Berufsausbildung oft zu alt sind.

Die neue Struktur in Kürze:
Die Zusammenführung von zweijähriger Berufsfachschule und Berufsgrundbildungsjahr wurde durch eine Bündelung der berufsbezogenen Lerninhalte im ersten Jahr der Berufsfachschule, orientiert am Berufsgrundbildungsjahr, vollzogen. Der weitgehend identische

Lehrplan ermöglichte dieses problemlos. Das Berufsgrundbildungsjahr mit Vollzeitunterricht wurde aufgelöst und in das erste Jahr der Berufsfachschule integriert.

Nach erfolgreichem Abschluss des ersten Jahres der Berufsfachschule erhalten die Schülerinnen und Schüler einen Qualifikationsnachweis, der die berufliche Grundbildung und die Erfüllung der BGJ-Anrechnungsverordnung bescheinigt.

Durch die Zusammenführung von zweijähriger Berufsfachschule und Berufsgrundbildungsjahr im ersten Jahr sowie dem Wegfall der Aufnahmevoraussetzungen (Notendurchschnitt 3,49) erfährt die Berufsfachschule eine Öffnung im Hinblick auf die Leistungsfähigkeit und den Leistungswillen, den die einzelnen Schülerinnen und Schüler mitbringen. Aufgrund der höheren Schülerpopulation durch die Zusammenführung, ist eine differenzierte Klassenbildung im Hinblick auf die Leistungsfähigkeit der Schülerinnen und Schüler möglich. Dieser Differenzierungsprozess wird in den ersten 8 – 12 Schulwochen durch eine schülerorientierte Schullaufbahnberatung begleitet, um hierauf aufbauend ein Stütz- und Förderkonzept zu implementieren, das der Abbruch- und Durchfallquote entgegenwirkt. Die Schulen verfügen hierzu über ein freies Stundenkontingent, das sie auf der Basis einer vorhergehenden Leistungsfeststellung dazu nutzen können, Stütz- und Förderangebote anzubieten. Auch hierin ist ein Aspekt der *Freiheit der Schule in Verantwortung für die ihr anvertrauten Jugendlichen* zu sehen.

Um im zweiten Jahr der Berufsfachschule zielorientiert auf den qualifizierten Sekundarabschluss I vorbereiten zu können, schließt das erste Jahr mit einer Prüfung ab. Der Leitidee *Fördern und Fordern, kein Abschluss ohne Anschluss* entsprechend erhalten die Jugendlichen ein Zeugnis, das bei Erfolg den Eintritt in das zweite Jahr der Berufsfachschule ermöglicht. Sofern ein Schüler den Notendurchschnitt von 3,0 sowie in mindestens zwei der Fächer Deutsch, Mathematik und Fremdsprachen keine befriedigende Leistungen erreicht, wird stattdessen der erfolgreiche Besuch des BGJ attestiert. Ein Seiteneinstieg in das zweite Jahr ist ebenfalls möglich, soweit die vorgenannten Leistungsvoraussetzungen erfüllt sind. Schwerpunkte der Qualifizierung im zweiten Jahr sind berufsübergreifende Lerninhalte, vernetzt mit berufsbezogenen Projekten aus den Fachrichtungen des Bildungsangebotes. Das zweite Jahr schließt mit dem qualifizierten Sekundarabschluss I ab.

Höhere Berufsfachschule

Die höhere Berufsfachschule baut auf dem qualifizierten Sekundarabschluss I auf und führt zu einer schulischen Berufsqualifikation. Sie gibt Schülerinnen und Schülern, die keinen adäquaten Ausbildungsplatz finden die Möglichkeit, sich schulisch zu qualifizieren und zusätzliche berufliche Optionen sowie einen höheren Bildungsabschluss (Fachhochschulreife) zu erlangen (doppelqualifizierender Bildungsgang). Es ist ferner ein Bildungsangebot, das spezielle Berufsbereiche abdeckt oder ergänzende Qualifizierungsmöglichkeiten dort bietet, wo die Nachfrage kein Äquivalent auf dem Ausbildungsmarkt bietet. Mit dieser Schulform kann die Zulassung zur Lehrabschlussprüfung in entsprechenden Ausbildungsberufen erlangt werden.

In die unterschiedlichen Bildungsgänge (Wirtschaft, Technik, Dienstleistung) ist ein freiwilliges, mindestens achtwöchiges Betriebspraktikum integriert. Die höhere Berufsfachschule schließt mit einer Prüfung zum/zur *staatlich geprüften kaufmännischen oder technischen AssistentenIn* ab.

Nach einer aufwendigen Deckungsanalyse zwischen den Inhalten der relevanten Ausbildungsordnungen der Ausbildungsberufe und dem schulischen Lehrplan, wurde mit den Kammerorganisationen vereinbart, Absolventinnen und Absolventen der höheren Berufsfachschule die Möglichkeit zu eröffnen, im Zeitrahmen der dualen Ausbildung (drei- bzw. dreieinhalbjährige betriebliche Ausbildungszeit) die schulische Berufsqualifikation und das IHK-Abschlusszeugnis zu erlangen. Aus bildungsökonomischer Sicht ist das ein sinnvoller Schritt, da vielfach diejenigen, die die höhere Berufsfachschule erfolgreich absolvierten, erneut in das erste Jahr einer dualen Berufsausbildung eingetreten sind.

Betrachtet man die getroffene Vereinbarung mit der Kammerorganisation in der Rückschau, so war die Vereinbarung nicht das Papier wert, auf dem sie geschrieben stand, denn trotz verbaler Bekundungen bestand das Handeln der Kammerorganisationen überwiegend aus Untätigkeit. Wenn von deren Seite und den Betrieben stets von einer *Verantwortungspartnerschaft* gesprochen und der Mangel an ausbildungswilligen Jugendlichen beklagt wird, dann stellen doch die vorgenannten 86.000 Jugendlichen ein Potenzial dar, dem man freie Ausbildungsplätze anbieten könnte. Schließlich haben diese Jugendlichen den mittleren Bildungsabschluss und müssten die Ausbildungsanforderungen erfüllen, die vonseiten der Wirtschaft gefragt und plakativ stets als Eintrittsbedingung genannt werden.

In diesem Handeln sehe ich nach wie vor eine Missachtung der Ausbildungsleistung der beruflichen Schulen, die insbesondere in Zeiten hoher Jugendarbeitslosigkeit und rückläufiger Ausbildungsangebote der Wirtschaft, Jugendlichen eine Perspektive eröffneten. Obgleich die Wirtschaft nach Abschluss des Ausbildungsjahres 2015/16 wie im Vorjahr lauthals beklagt, dass es viele unbesetzte Ausbildungsstellen gibt und ein drohender Fachkräftebedarf zu erwarten ist, besuchten im Schuljahr 2013/14 bundesweit über 86.000

Jugendliche diese Schulform (GEW-Infoblatt *Berufsbildung*, September 2015). Man kann davon ausgehen, dass diese Zahl sich in 2015/16 nicht wesentlich nach unten bewegt hat.

Auch hier bleibt mir nur festzustellen, dass ich in einer über eine Dekade währenden Tätigkeit im beruflichen Bildungssystem und trotz vieler Angebote an die Kammern, in Vollzeitbildungsgängen freie Ausbildungsstellen Jugendlichen anzubieten, nie einen Kammervertreter gesehen habe.

Berufsoberschule

Mit der Berufsoberschule sind qualifizierten Jugendlichen aus schulischen Bildungsgängen, ebenso wie Absolventinnen und Absolventen der dualen Berufsausbildung, die Möglichkeiten gegeben, die Fachhochschulreife, fachgebundene oder allgemeine Hochschulreife zu erlangen. Vor dem Hintergrund der Gleichwertigkeit beruflicher und allgemeiner Bildung war es der Logik der Reform geschuldet, diese Schulform im Rahmen der Strukturentwicklung neu einzurichten, um beruflich qualifizierten Jugendlichen die Möglichkeit der fachgebundenen bzw. allgemeinen Hochschulreife zu bieten.

Die Berufsoberschule besteht aus einem zweijährigen Vollzeitbildungsgang, der sich in eine Unterstufe (1. Jahr) und eine Oberstufe (2. Jahr) gliedert. Für den Erwerb der allgemeinen Hochschulreife werden zusätzlich 320 Stunden in der zweiten Fremdsprache fakultativ angeboten.
Die Unterstufe der Berufsoberschule (1.200 Unterrichtsstunden plus fakultativ 160 Stunden in der 2. Fremdsprache) führt zur *Fachhochschulreife*. Diese wird durch das Ablegen der Fachhochschulreife-

prüfung erworben. Damit besteht die Möglichkeit, den Bildungsgang nach der Unterstufe mit der Fachhochschulreife und damit
einer Studienberechtigung zu verlassen.

In die Oberstufe der Berufsoberschule wird aufgenommen, wer die
Fachhochschulreife erworben hat, unabhängig davon, ob diese an
der Berufsoberschule oder als Seiteneinsteiger auf andere Weise
erworben wurde.

Die Oberstufe der Berufsoberschule (1.200 Unterrichtsstunden plus
fakultativ 160 Stunden in der 2. Fremdsprache) führt zur fachgebundenen Hochschulreife und in Verbindung mit einer zweiten
Fremdsprache zur allgemeinen Hochschulreife. Sowohl die fachgebundene als auch die allgemeine Hochschulreife werden durch Ablegen der Abschlussprüfung erworben.

Der zweijährige Vollzeitbildungsgang kann als *Teilzeitbildungsgang*
mit entsprechend längerer Dauer von den Schulen, je nach Nachfrage, in eigener Verantwortung angeboten werden.

Die Neueinrichtung der Berufsoberschule folgte auch hier den Leit-
prinzipien *Transparenz, Durchlässigkeit* und *kein Abschluss ohne
Anschluss*. Durch die Zulassung zur Oberstufe auf der Grundlage
der Fachhochschulreife ist ein homogeneres Leistungsniveau ge-
währleistet, ebenso wie die bereits erlangte Fachhochschulreife ein
Qualitätsmaßstab für den Jugendlichen darstellt, der *selbstwertstär-
kend* ist, da man bereits über eine Studienberechtigung verfügt.
Auch wird der Besuch der Oberstufe aufgrund der erworbenen Studienberechtigung *abgesichert*, da man bei einem möglichen Scheitern am Ende des Bildungsganges dennoch ein Zeugnis über die
erlangte Fachhochschulreife hat.

Zusammenfassend ist festzustellen, dass mit der Implementierung
der Berufsoberschule für alle beruflich Qualifizierten eine Schul-

form angeboten wird, die den Anspruch der *Gleichwertigkeit von beruflicher und allgemeiner Bildung* einlöst und den Erwerb der Fachhochschul- und Hochschulreife über berufliche Bildungsgänge unabhängig vom Besuch gymnasialer Bildungsgänge ermöglicht. Ein Plus für die *Beruflichkeit, denn gleichwertige Abschlüsse müssen nicht gleichartig erworben werden.*

Mit der Möglichkeit, ausbildungs- und berufsbegleitende Bildungsangebote im Teilzeitunterricht *ohne* Qualitätsverlust besuchen zu können, stehen diese auch denjenigen offen, die weiterhin berufstätig sein wollen oder müssen. Diesen Weg eröffnet der Fachhochschulreifeunterricht (FHRU) nach Maßgabe der KMK-Vereinbarung über den Erwerb der Fachhochschulreife in beruflichen Bildungsgängen. Dieser wird sowohl ausbildungs- als auch berufsbegleitend in Teilzeitunterricht, aber auch nach einer Berufsausbildung in Form eines halbjährigen Vollzeitunterrichts angeboten. Damit erhalten Auszubildende die Chance, mit Abschluss der Berufsausbildung die Fachhochschulreife zu erwerben, was folgende Vorteile hat:

- der Fachhochschulreifeunterricht kann *unabhängig von der Berufsausbildung* erfolgen,
- der Besuch des FHRU ist *wohnortnah* an jeder Berufsschule möglich,
- der *niveaudifferenzierte Wahlpflichtunterrichts* (8. Kapitel) führt zu einer *Zeitersparnis.*

Ergänzende Aspekte sind darüber hinaus:

- die Stärkung der *Gleichwertigkeit von beruflicher und allgemeiner Bildung,*
- die Steigerung der *Durchlässigkeit* im Bildungswesen,
- ein *Attraktivitätszuwachs* durch höher qualifizierende Angebote,
- die *Verbesserung der Bildungschancen* für qualifizierte Berufstätige,

- die *Option zum Erwerb sämtlicher Hochschulzugangsberechtigungen bei Eintritt in eine duale Berufsausbildung,*
- *eine Anerkennung der Abschlüsse* durch alle Länder auf Grundlage der KMK-Vereinbarung,
- eine *Zeitersparnis* durch das ausbildungs- und berufsbegleitende Angebot.

Berufliche Gymnasien

Der Vollständigkeit halber sei erwähnt, dass es in nahezu allen Bundesländern berufliche Gymnasien mit den Klassenstufen 11, 12 und 13 gibt, an denen die allgemeine Hochschulreife erlangt werden kann. Nicht unerwähnt soll bleiben, dass die Bildungsangebote der Länder umfänglich und in ihrer jeweils spezifischen Ausprägung in den jeweiligen Bildungsservern hinterlegt sind.

Fachschule in modularisierter Form

Die Fachschule führt zu berufsqualifizierenden Abschlüssen im Rahmen der beruflichen Fort- und Weiterbildung. Der Fachschulabschluss kann auch durch mehrere, während des Bildungsgangs erworbene Teilqualifikationen zuerkannt werden. Die an Qualifikationsbedürfnissen der Wirtschaft orientierte Fort- und Weiterbildung wird kontinuierlich curricular angepasst, damit Veränderungen in der Berufs- und Arbeitswelt sich zeitnah in dem Qualifizierungsprozess abbilden.

Dieses reibungslos zu ermöglichen, resultiert aus der modularen Struktur der Fachschule, da sich Änderungen in Ausbildungsmodulen flexibel und zeitnah umsetzen lassen, ohne den gesamten Lehrplan einer Revision unterziehen zu müssen. Die Fachschule sieht drei Möglichkeiten von Qualifikationsnachweisen vor:

- Zertifizierung einzelner Lernmodule
- Zertifizierung von Teilqualifikationen
- Zertifizierung der Gesamtqualifikation

Wenn alle Lernmodule erfolgreich abgeschlossen wurden, wird über die Gesamtqualifikation ein Abschlusszeugnis ausgestellt.

Die modulare Fachschulkonzeption verfolgt im Rahmen der Aufstiegsfortbildung das Ziel, auch Personen ein interessantes Angebot zu unterbreiten, die nicht die Gesamtqualifikation erwerben, sondern nur bestimmte Lernmodule belegen möchten. Von besonderem Interesse kann das für diejenigen sein, die einen Anpassungs- oder Nachholbedarf aufgrund ihrer beruflichen Tätigkeit haben. Die modulare Struktur eröffnet es flexibel, nachfrageorientiert, durchlässig, teil- und vollqualifizierend auf diesen Bedarf zu reagieren.

Zusammenfassend sollte die nicht in alle Details gehende Darstellung der diversen Schulformen, ihre inhaltliche Ausgestaltung, die Ziele und Abschlüsse die zu erwerben sind, einen Überblick über die vielfältigen Bildungsangebote und die mit ihnen verbundenen Abschlüsse aufzeigen. Ein Angebot, das man in der überwiegenden Zahl der Bundesländer vorfindet. Sofern ein weitergehendes Interesse an Information besteht, ist dieses über die jeweiligen Bildungsserver der Länder zu erhalten, in denen in der Regel das berufsbildende System meist umfänglicher als hier geschehen dargestellt wird.

Das folgende Kapitel widmet sich dem Lernbausteinkonzept. Da diesem Konzept sowohl strukturell, organisatorisch als auch durch die curriculare Ausrichtung ein *Alleinstellungsmerkmal* im Ver-

gleich der Bildungsangebote der übrigen Bundesländer zukommt,
werden die curricularen, schulorganisatorischen und innovativen
Möglichkeiten, um die zentralen Aspekte zu benennen, dargelegt.

125

9. Lernbausteine – Modulkonzept zur beruflichen Qualifizierung

In diesem Kapitel wird aufgezeigt, wie über ein modular strukturiertes Curriculum Jugendlichen die Möglichkeit eröffnet wird effektiv, zeitökonomisch und orientiert an dem individuellen Leistungsvermögen sowie dem hierauf bezogenen Interesse, höherwertige Abschlüsse zu erlangen. Das Konzept stellt die Schulen vor Herausforderungen, die sowohl inhaltlich, was die Struktur der Unterrichtsangebote betrifft, als auch schulorganisatorisch zu leisten sind.

Vorab eine kurze Darstellung der wesentlichen Merkmale des Modulkonzeptes und seiner zentralen Kriterien, das im Folgenden detailliert dargestellt wird:

Der *Lernbaustein* (vgl. BBS Rheinland-Pfalz, Strukturkonzept 2, Empfehlungen zum Lernbausteinkonzept) ist eine in sich abgeschlossene thematische Unterrichtssequenz. Neben der curricularen Abgrenzung hat er sowohl einen inhaltlichen als auch einen didaktisch-methodischen Bezugsrahmen, der sich an den zu erreichenden höher qualifizierenden Abschlüssen orientiert.

Der Lehrplan der Unterrichtsfächer baut schulformübergreifend aufeinander auf. Die curriculare Struktur der Lernbausteine ist so konzipiert, dass je nach Lerngruppe der Berufsbezug als didaktisches Prinzip einbezogen werden kann. Die erfolgreich abgeschlossenen Lernbausteine werden, bezogen auf die angestrebten höherwertigen Abschlüsse, bildungsgangspezifisch angerechnet, sodass für die Lernenden keine Redundanzen bezüglich der zu erarbeitenden Lerninhalte entstehen.

Schulorganisatorisch ermöglicht die abschlussorientierte Struktur der Lernbausteine einen bildungsgangübergreifenden bzw. schulformübergreifenden Unterricht, der die Chance eröffnet, Lerngruppen mit einem homogenen Leistungsniveau zu bilden. Dadurch ergibt sich die Möglichkeit der Förderung von Auszubildenden entsprechend ihrer Vorbildung. Lernbausteine bereiten Auszubildende mit Hauptschulabschluss gezielt auf den Sekundarabschluss I vor. Schülerinnen und Schüler mit dem qualifizierten SEK I können entscheiden, ob sie parallel zur Berufsausbildung am Fachhochschulreifeunterricht teilnehmen wollen. AbiturientInnen in der dualen Ausbildung erhalten die Möglichkeit, zertifizierte berufliche Zusatzqualifikationen zu erwerben. Im Rahmen einer individuellen Schullaufbahnberatung werden die Jugendlichen informiert und im Hinblick auf ihr Leistungsvermögen beraten, ob eine Höherqualifizierung parallel zur Berufsausbildung zu leisten und damit sinnvoll ist.

Das Lernbausteinkonzept schärft das Schulprofil *Bildung* und eröffnet den Schulen Gestaltungsmöglichkeiten, sowohl was die regionale, branchenspezifische, aber auch klassen- und schulformübergreifende Qualifizierung betrifft, um Jugendlichen im Verlauf der Berufsausbildung oder berufsbegleitend die notwendige Förderung und Qualifizierung zuteilwerden zu lassen.
Der Unterricht in Lernbausteinen ist ein Beitrag zur individuellen Förderung der Jugendlichen und trägt zur Differenzierung des schulischen Bildungsangebotes und zur Verbesserung der Durchlässigkeit zwischen den einzelnen Schulformen innerhalb des berufsbildenden Bildungssystems bei.

Lernbausteinkonzept – Modell didaktisch-methodischer Vielfalt

Die Lernbausteine sind inhaltlich und didaktisch-methodisch am Unterrichtsfach und am jeweiligen Abschluss orientiert. Dies führt zu einer durchgängigen, aufeinander aufbauenden, einheitlichen Struktur des Curriculums für das jeweilige Unterrichtsfach über alle Schulformen (mit Ausnahme der beruflichen Gymnasien) der berufsbildenden Schulen hinweg. Diese aufeinander aufbauende Struktur der Lernbausteine ermöglicht den individuellen Ein- und Ausstieg, je nach Vorbildung und Leistungsstand der Schülerin oder des Schülers. In den Schulformen *Berufsschule, Berufsfachschule, höhere Berufsfachschule* und *Berufsoberschule* ist der Unterricht der fünf berufsübergreifenden (allgemeinbildenden) Fächer Deutsch/Kommunikation (D/K), Fremdsprache (FS = Englisch, Französisch), Mathematik (M), Sozialkunde/Wirtschaftslehre (SK/Wil), Naturwissenschaften (NW = Physik, Chemie, Biologie) in Lernbausteinen organisiert. Auch die Unterrichtsfächer Evangelische und Katholische Religion sind in Lernbausteine gegliedert.

Die curriculare Struktur, mit einem Umfang von mindestens 40 Stunden und einer Dauer von (i. d. R.) einem halben Jahr, orientiert sich an den Abschlussniveaus *qualifizierter Sekundarabschluss I, Fachhochschulreife* und *Hochschulreife*. Hat z. B. ein/e SchülerIn den Realschulabschluss und beabsichtigt die Fachhochschulreife zu erwerben, dann steigt sie/er direkt in den Lernbaustein 3 ein; sie/er muss also die Bausteine 1 und 2 nicht mehr absolvieren, da diese bereits Gegenstand des erworbenen Abschlusses sind (siehe Schaubild). Für diejenigen, die Bildung nachfragen, vermeidet das Lernbausteinkonzept inhaltliche Redundanzen und erbringt darüber hinaus für alle Beteiligten (Schule/Jugendliche) einen bildungsökonomischen Nutzen, da mitgebrachte Leistungen angerechnet werden und auf ihnen aufgebaut wird.

In der nachfolgenden Abbildung ist die Struktur der einzelnen Lernbausteine bezogen auf die jeweiligen Abschlüsse ersichtlich.

- Für den qualifizierten Sekundarabschluss I (Sek 1) sind die Lernbausteine 1 und 2 (Ausnahme: Sozialkunde) relevant, die sowohl in der Berufsschule als auch in der Berufsfachschule II absolviert werden können.
- Der Erwerb der Fachhochschulreife (FHR) im Rahmen der Berufsschule und/oder der dualen Berufsoberschule bzw. der Berufsoberschule I erfordert die Belegung der Lernbausteine 3 und 4 (Ausnahme: Deutsch).
- Für den Erwerb der fachgebundenen bzw. allgemeinen Hochschulreife (HR) in der Berufsoberschule II ist der erfolgreiche Abschluss der Lernbausteine 5 bis 7 (Ausnahme: Naturwissenschaften) erforderlich.

Aus Abbildung 1 ist zu entnehmen, dass die Stundenumfänge gleicher Lernbausteine unterschiedlich sind. Der Grund, warum Lernbausteine die z. B. zum Sekundarabschluss I berechtigen, in der Berufsschule und der Berufsfachschule unterschiedliche Stundenvolumina haben, ist durch die didaktische Überlegung begründet, dass es in der zweijährigen Berufsfachschule, die den mittleren Bildungsabschluss verleiht, zielführender ist, die Lerninhalte zeitlich gestreckter erarbeiten zu können. Damit ist sowohl ein Stütz- als auch Förderansatz intendiert.

Generell ist das Stundenkontingent für die Lernbausteine in den Vollzeitformen *Berufsfachschule, höhere Berufsfachschule* und *Berufsoberschule I* höher als in der Berufsschule und der dualen Berufsoberschule. Das setzt bei den beiden letztgenannten Schulformen eine höhere Lernbereitschaft voraus. Kein Unterschied besteht bezogen auf die Lerninhalte und deren kompetenzorientierter Zielformulierung.

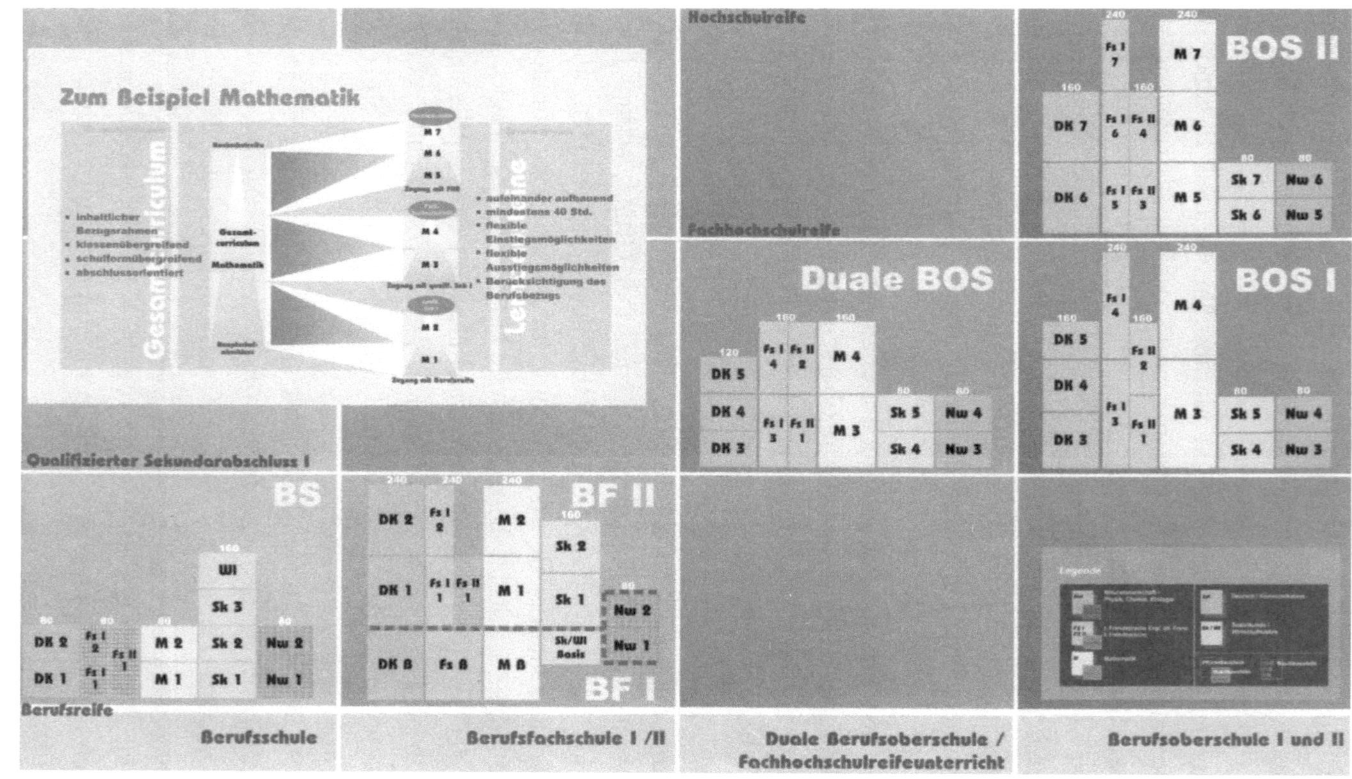

Abb. 1: Lernbausteine und Schulabschlüss

Das erklärt auch, warum im Rahmen der Berufs- und Schullaufbahnberatung auf die besonderen Anforderungen und Belastungen der ausbildungsbegleitenden Höherqualifizierung verwiesen wird: Vorrang hat die berufliche Qualifizierung im Rahmen der Ausbildung. Das Erreichen eines guten Ausbildungsabschlusses sollte nicht durch die Höherqualifizierung beeinträchtigt werden. In Absprache mit dem Ausbildungsbetrieb und ggf. den Erziehungsberechtigten ist zu entscheiden, ob eventuell die Belegung eines berufsbezogenen Zusatzangebotes zur Sicherung des Ausbildungserfolgs anstelle der Höherqualifizierung zweckmäßiger ist.

Qualifizierungspass als Leistungsnachweis

Zur verwaltungsmäßigen Vereinfachung sieht das Konzept vor, dass zur Dokumentation der höher qualifizierenden Lernbausteine und der beruflichen Zusatzqualifikationen die SchülerInnen mit qualifiziertem Sekundarabschluss I bei Eintritt in die Berufsschule, die höhere Berufsfachschule und die duale Berufsoberschule einen Qualifizierungspass ausgehändigt bekommen.
Der Qualifizierungspass begleitet die SchülerInnen während des gesamten Schulbesuchs. Die in einem Lernbaustein erbrachten Leistungen werden zertifiziert und in dem Qualifizierungspass von der Schule mit Noten und Datum dokumentiert. Er ist die Grundlage für die Ermittlung der Vornoten bei der Zulassung zur Fachhochschulreifeprüfung. Die Lernbausteine müssen längstens in einem Zeitraum von fünf Jahren vor Anmeldung zur Fachhochschulreifeprüfung erworben worden sein. Wird dieser Zeitraum überschritten, gilt die Leistung als nicht erbracht.

Lernbausteinkonzept – ohne Redundanzen zu höherwertigen Abschlüssen

Einer der entscheidenden Vorteile der Lernbausteinkonzeption ist der Zeitvorteil, der sich auf dem Weg zur Höherqualifizierung ergibt. Hierzu ein Beispiel:

Ein/e Jugendliche/r mit qualifiziertem Sekundarabschluss I beginnt beispielsweise eine Berufsausbildung zur Industriekaufrau bzw. zum Industriekaufmann. Neben der Ausbildung möchte sie/er die Fachhochschulreife erwerben und als Wahlpflichtfach belegt sie/er Englisch und Physik.

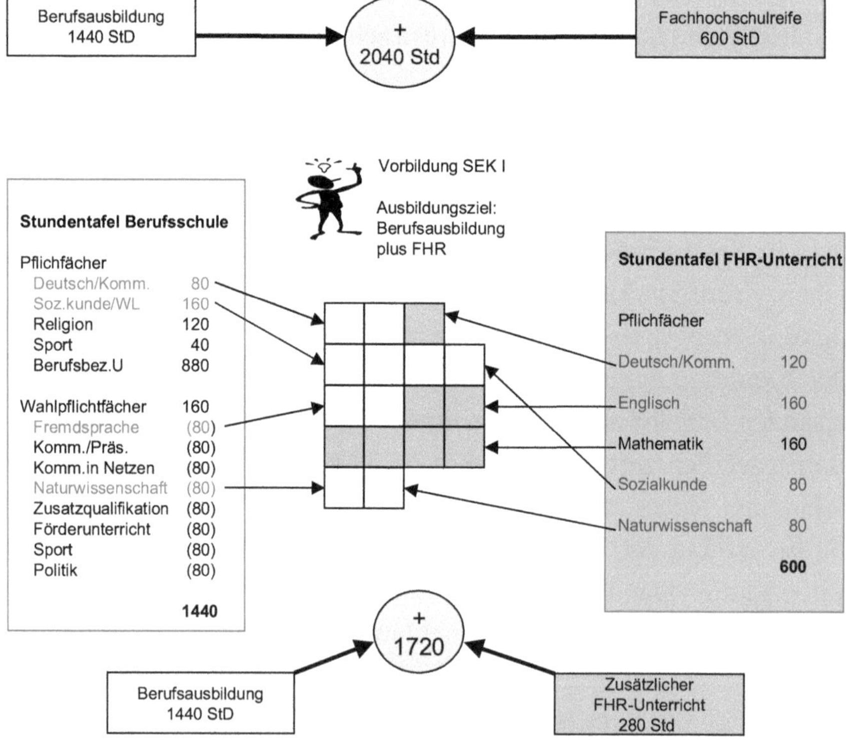

Abb. 2: Das Schaubild weist den zeitgleichen Erwerb des Berufsabschlusses und der Fachhochschulreife aus.

Ein Vorteil des Lernbausteinkonzeptes ist, dass Auszubildende durch die Anrechnung bereits erbrachter Leistungen (hier: Lernbausteine 1 und 2 in den Fächern Deutsch/Kommunikation, Sozialkunde/Wirtschaftslehre, Englisch und Physik = 280 Stunden) auf der Grundlage ihres vorherigen Abschlusses (hier: qualifizierter SEK I) gezielt weiter gefördert werden. Das heißt, die angehende Industriekauffrau bzw. der angehende Industriekaufmann kann im Rahmen der Stundentafel für die Berufsschule bereits die höher qualifizierenden Lernbausteine 3 und 4 belegen, da im Pflichtfach Deutsch/Kommunikation die Lernbausteine 1 und 2 anerkannt werden. Für die FHR ist somit zusätzlich nur noch D/K 5 erforderlich.

Durch die Vermeidung von Doppelbelegungen und Wiederholungen kommt es in diesem Beispiel zu einem Synergieeffekt von 280 Stunden. Statt zusätzlich 600 Stunden Fachhochschulreifeunterricht sind jetzt zur Erreichung der FHR zusätzlich zum Berufsschulunterricht nur noch 280 Stunden nötig (Abbildung 2).

Entscheidet sich z. B. die/der BerufsschülerIn dazu, neben der Ausbildung *ausbildungsbegleitend* die FHR zu erwerben, dann kann sie/er – abends und/oder samstags die duale Berufsoberschule besuchen, um dort die noch fehlenden Lernbausteine in Deutsch/Kommunikation, Englisch, Mathematik und Naturwissenschaft zu belegen. Die Verzahnung von Berufsschul- und Fachhochschulreifeunterricht durch den Besuch des zusätzlichen FHR-Unterrichts außerhalb der Arbeitszeit, eröffnet die Möglichkeit, dass die/der BerufsschülerIn am Ende der dreijährigen Ausbildung zeitgleich sowohl den Berufsabschluss als auch die Fachhochschulreife erworben hat.

Mit diesem modularen Konzept steht an den berufsbildenden Schulen den SchülerInnen ein Unterrichtsangebot zur Verfügung, das eine Option zur Höherqualifizierung bietet und das an den individuellen Bedürfnissen der Nachfrager nach Bildung ausgerichtet ist.

Mit dieser Neuausrichtung der berufsübergreifenden Fächer werden nachfolgende Ziele eingelöst:

- Die Entwicklung eines schulformübergreifenden Curriculums, das ein durchgängiges didaktisch-methodisches Konzept verfolgt und sich an den Abschlüssen der Schülerinnen und Schüler orientiert.
- Die Schülerinnen und Schüler werden entsprechend ihrer Vorbildung gefördert.
- Die Durchlässigkeit zur Höherqualifizierung zwischen den einzelnen Schulformen ist gegeben.
- Die Effektivität der Unterrichtsorganisation setzt Personalressourcen frei, die z. B. Zusatzangebote, Differenzierung in den Lerngruppen, Stütz- und Förderangebote ermöglichen.
- Die Schullaufbahnberatung ist ein zentrales Element zur individuellen Förderung.
- Die Belegung von Lernbausteinkonzept orientiert sich am schülerorientierten Förderplan.
- Die Schülerinnen und Schüler knüpfen an bisher erbrachten Leistungsnachweisen an, sodass deckungsgleiche Lerninhalte nicht erneut belegt werden müssen.

Lernbausteinkonzept – Herausforderung für die Schulorganisation

Die Möglichkeit einer bildungsgang- und/oder schulformübergreifenden Organisation der Lerngruppen führt zu frei verfügbaren Stundenkontingenten der Lehrkräfte und damit zu Personalressourcen. Diese erlauben es, einen niveaudifferenzierten Unterricht anzubieten. Insbesondere in der Berufsschule eröffnet sich die Möglichkeit, das Unterrichtsangebot durch Zusatzangebote zu verbreitern und dieses insgesamt flexibler zu gestalten. Damit ist das Lernbausteinkonzept als ein wesentliches Element im Rahmen der inneren Schulentwicklung anzusehen. Der Unterricht kann effizienter organisiert und das Unterrichtsangebot stärker an den Bedürfnissen der Schülerinnen und Schüler ausgerichtet werden.

Trotz der vielfältigen Möglichkeiten, die das Lernbausteinkonzept bietet, wird das *Berufskonzept* nicht tangiert, da weder Bildungsgänge noch Schulformen eine Veränderung erfahren. Nach wie vor steht die Abschlussqualifikation des gewählten Bildungsganges im Mittelpunkt; eine Teilzertifizierung sieht das Konzept ebenso wenig vor wie eine Veränderung der Fächer in der Stundentafel.

Hürden der Schulpraxis überwinden

Jedoch ist mit kritischem Blick aus der Sicht eines Praktikers anzumerken, dass sich noch so innovative und im Interesse der Qualifizierung von SchülerInnen entwickelte Konzepte nur dann in die Praxis umsetzen lassen, wenn sie auf ein innovatives Potenzial in den Schulen treffen. Hierzu bedarf es Schulleitungen, die Schule *gestalten* und nicht *verwalten*. Hinzu müssen Kollegien treten, die motiviert sind neue Wege zu beschreiten und alternative Lösungen auszuprobieren. Auch darf man sich nicht durch Fehlentwicklungen, was die Unterrichtsorganisation betrifft, entmutigen lassen, sondern man muss dem Impuls folgen Dinge zu verändern, zu verbessern und die Schulorganisation kreativ weiterzuentwickeln. Bekanntlich ist Vergebung – bei der nicht wortgenauen Befolgung rechtlicher Rahmenbedingungen – leichter zu erhalten als Genehmigung.

Lernbausteine – ein innovativer Weg für Jugendliche/Auszubildende und die Schule

Die Voraussetzungen, was die Lehrplanstruktur betrifft, erfüllt das Konzept sowohl in didaktischer als auch methodischer Hinsicht. Die hierzu notwendige kreative Gestaltung der Stundenplanung, personelle Absprachen und Konferenzen zur Abstimmung sind ein Teil des Schulalltages und bedürfen keiner Erwähnung. Dass man unterrichtsorganisatorisches Neuland beschreitet ist und sollte der Qualität von Schule geschuldet sein, bekanntlich spürt man erst die Fessel, wenn man sich bewegt, doch Schule als *Haus des Lernens* bedarf der Bewegung. Auch sollten innovative Konzepte nicht erst dann reüssieren, wenn durch rückläufige Schülerzahlen, und damit einhergehenden kleineren Klassen, Lernbausteine als *Sparmodell* zur Rettung von Fachklassen in den Fokus rücken. So z. B. wenn durch gemeinsame Beschulung, aufgrund demografischer Veränderungen, Fachklassen vor Ort gehalten werden sollen und damit das Konzept seines innovativen Potenzials beraubt und als Sparmodell zur Zusammenlegung von Lerngruppen missbraucht wird.

Damit sind die abschlussorientierten, bildungsgang- bzw. schulformübergreifenden Lernbausteine, die durch den Implikationszusammenhang von Inhalt und didaktisch-methodischem Bezugsrahmen geprägt sind, als ein innovatives Strukturelement der Schulentwicklung anzusehen. Sie führen zu Abschlüssen und eröffnen Anschlüsse zur Höherqualifizierung. Die auf Flexibilität, Durchlässigkeit und Transparenz beruhende Struktur, mit dem Ziel der passgenauen Qualifizierung auf unterschiedlichen Abschlussebenen, ist schülerkonform, höher qualifizierend und löst Forderungen der Wirtschaft nach Qualifizierung ein.

Spiegelt man dieses Konzept mit dem europäischen und den hierauf basierenden deutschen Qualifikationsrahmen (DQR), so wird an den

Strukturmerkmalen, die leitend für die bisherigen Ausführungen waren, zu zeigen sein, wie der DQR die Unterteilung in Fach- und Personalkompetenz (gegliedert in Niveaustufen) vornimmt. Auch hier folgen die Qualifikationsprofile und die damit korrespondierenden Niveaustufen, deren Zertifizierung bzw. Ausweisung auf Zertifikaten, dem Prinzip eines Stufenkonzepts. In Verbindung von beruflich, schulisch oder universitär erworbenen Kompetenzen erfolgt eine an Kriterien ausgerichtete Zuordnung, die durch die Einbeziehung auch non-formal erworbener Kompetenzen den europäischen Bildungsraum strukturieren und damit zukünftig prägen wird. Auch vor diesem Hintergrund ist das Lernbausteinkonzept sinnhaft eingebunden in europäische Bildungsstrukturen, die ein Beleg für die Vielfalt, die Zukunftsausrichtung und die Qualität der beruflichen Bildung sind.

Vor diesem Hintergrund ist denjenigen das Wort zu reden, die das Heil in einer universitären Ausbildung suchen. Auch die Klagen der Wirtschaftsverbände über den zunehmenden Trend zum Studium sind so wohlfeil, wie die Aussagen nach einer schnellen Qualifizierung und Zuführung von Migranten zwecks Belebung des Arbeitsmarktes. Vielmehr sollte man die Lobbyressourcen – auch die geistigen – dazu nutzen, die Exzellenz des beruflichen Qualifizierungssystems, dessen Chancen und Möglichkeiten herausstellen. Das hilft mehr als dieses und jenes zu Beklagen oder sich zwischen den jeweiligen Verbänden in Widersprüche zu verwickeln, wo es dann *nur noch um Blauäugigkeit* geht (*FAZ*, 19.10.2015, S. 15).

10. Berufsbildung im Spiegel des europäischen Bildungsraumes

Das folgende Kapitel beschreibt die Entwicklungsschritte zum *Deutschen Qualifikationsrahmen für lebenslanges Lernen* (DQR). Es werden die strukturierenden Faktoren der Zuordnungsmatrix des DQR erläutert. Ferner wird die bildungsbereichsübergreifende Bedeutung des DQR sowohl auf der Grundlage der Niveaustufen (1 – 8) als auch der Niveauindikatoren dargelegt und soweit zielführend aus Sicht der Berufsbildung kommentiert.

Die Notwendigkeit einen DQR zu erarbeiten, resultiert auf einer Initiative der Bildungsminister der EU. In dieser Initiative wurden die Ziele einer europäischen Bildungszusammenarbeit definiert und in einem Arbeitsprogramm niedergelegt, das sowohl die Allgemeinbildung als auch die Berufsbildung umfasst.

In der Umsetzung des Arbeitsprogramms (vgl.: Homepage der Kommission zu *ET 2020*) wurden strategische Ziele benannt, die bis 2020 die Bildungszusammenarbeit bestimmen und strukturieren sollen.

Die vier strategischen Ziele beziehen sich auf die

1. Verwirklichung von lebenslangem Lernen und Mobilität,
2. Verbesserung der Qualität und Effizienz der allgemeinen und beruflichen Bildung,
3. Förderung der Chancengleichheit, des sozialen Zusammenhalts und des aktiven Bürgersinns,
4. Förderung von Innovation und Kreativität – einschließlich unternehmerischen Denkens, auf allen Ebenen der allgemeinen und beruflichen Bildung.

Mit diesem Arbeitsprogramm sollen mehr Transparenz, ein besserer Übergang zwischen allgemeiner, beruflicher und Hochschulbildung, bessere Bedingungen für lebenslanges Lernen und eine Förderung der Mobilität einhergehen.

Ein zentrales Instrument hierzu ist der *Europäische Qualifikations-rahmen für lebenslanges Lernen* (EQR), der als Übersetzungsins-trument zwischen den unterschiedlichen nationalen Qualifikations-systemen dient, indem er diese verständlicher und vergleichbar macht. Bezogen auf die nationale Umsetzung ist der *Deutsche Qua-lifikationsrahmen* (DQR) als Ergebnis dieser EU-Vorgabe zu sehen. Kernstück des EQR sind acht Referenzniveaus die beschreiben, was Lernende wissen, verstehen und in der Lage sein sollen zu tun. Die Lernergebnisse auf den einzelnen Niveaus werden jeweils in die Kategorien *Wissen*, *Fertigkeiten* und *Kompetenz* unterteilt, wobei *Kompetenz* im Sinne der Übernahme von Verantwortung und Selbstständigkeit beschrieben wird. Den Ländern der EU fällt die Aufgabe zu, hierauf basierend eigene nationale Qualifikationsrah-men zu erarbeiten, damit ein europäischer Vergleich der nationalen Bildungssysteme erleichtert wird.

Leistung des DQR

Zusammenfassend kann an dieser Stelle festgehalten werden, dass mit dem DQR erstmals ein Rahmen vorliegt, der bildungsbereichs-übergreifend alle Qualifikationen des deutschen Bildungssystems umfasst. Die Besonderheiten des deutschen Bildungssystems wer-den transparent offengelegt, sodass eine angemessene Bewertung und Vergleichbarkeit deutscher Qualifikationen in Europa möglich ist. Durch die Orientierung der Qualifizierungsprozesse an Lern-ergebnissen (Outcome-Orientierung) ergibt sich ein Kompetenzpro-fil der Qualifikationsbeschreibungen. Der DQR leistet einen Beitrag zur Förderung der Mobilität von Lernenden und Beschäftigten; strukturiert über Niveaustufen weist er Kompetenzen aus, die im Rahmen eines europäischen Bildungs- und Arbeitsmarktes von Relevanz sind. Damit ist der DQR als Übersetzungsinstrument anzusehen, das nationale Qualifikationen europaweit transparent offen legt und besser verständlich macht (vgl. www. BMBF, *Auf dem Weg zum europäischen Bildungsraum*).

Entwicklungsschritte des DQR

Zum Erarbeitungsprozess des DQR wurde Anfang 2007 die Bund-Länder-Koordinierungsgruppe *Deutscher Qualifikationsrahmen* eingesetzt. Hinzu trat zeitlich versetzt und unter Einbeziehung weiterer relevanter Akteure in den Erarbeitungsprozess der Bund- und Länder-Arbeitskreis *Deutscher Qualifikationsrahmen* (AK-DQR). Dieser hatte den Auftrag, einen bildungsbereichsübergreifenden und mit einer gemeinsamen Begrifflichkeit versehenen praxistauglichen DQR zu erarbeiten.

Im Arbeitskreis DQR sind neben den Mitgliedern der Bund-Länder-Koordinierungsgruppe die Sozialpartner, Hochschulen und weitere ExpertInnen alle Bildungsbereiche vertreten. Grundlage der Zusammenarbeit unter den vertretenen Akteuren ist das Konsensprinzip. Die Mitglieder der jeweiligen Gruppen haben zu gewährleisten, dass die Arbeitsergebnisse in die entsendenden Institutionen/Gremien eingespeist, diskutiert und von diesen akzeptiert werden (vgl. *Deutscher Qualifikationsrahmen*, Bundesministerium für Bildung und Forschung (BMBF)).

Vom Mai 2009 an wurde der Entwurf des DQR von Experten aus der Wirtschaft, der Wissenschaft und der Bildungspraxis in vier ausgewählten Berufs- und Tätigkeitsfeldern (Gesundheit, Handel, Metall-, Elektro- sowie IT-Bereich) exemplarisch erprobt. Ziel dieser zweiten Erarbeitungsphase des DQR war es, die Zuordnung und die Handhabbarkeit der DQR-Matrix zu überprüfen und diese gegebenenfalls weiterzuentwickeln.

Im Januar 2012 haben sich die beteiligten Gremien (Bund, Länder, Sozialpartner und Wirtschaftsorganisationen) auf eine für die nächsten fünf Jahre geltende Verfahrensweise geeinigt. Während darüber Einigkeit besteht, dass die beruflichen Abschlüsse *geprüfter Meister, geprüfter Fachkaufmann, geprüfter Fachwir*t, geprüfter Operativer Professional (IT) sowie die Fachschulabschlüsse wie z. B. *Staatlich geprüfte/r Techniker/in* und *Staatlich geprüfte/r Betriebswirt/in* der Niveaustufe 6 (= Bachelor-Niveau) zugeordnet werden, wurde das Problem, ob das deutsche Abitur die Niveaustufe 4 (Vorschlag der Sozialpartner und Kammerorganisationen) oder 5 (KMK-Vorschlag) erhalten soll, vertagt.
Einvernehmen bestand darüber, dass es eine fünfjährige Probephase gibt. In dieser Phase sollen die kompetenzbasierten Ausbildungsordnungen der beruflichen Erstausbildung und die kompetenzbasierten Bildungsstandards für die allgemeinbildenden Schulabschlüsse unter der Maßgabe der *Gleichwertigkeit von allgemeiner und beruflicher Bildung* bezüglich ihrer Zuordnung einer Evaluierung unterzogen werden.

Im Dezember 2012 wurde der sogenannte *Referenzierungsbericht* – der die Verknüpfung des DQR mit dem EQR beschreibt, erklärt und begründet – bei der Europäischen Kommission erfolgreich präsentiert. Damit waren die Voraussetzungen für die Einführung des DQR geschaffen:

Der Gemeinsame Beschluss der *Ständigen Konferenz der Kultusminister der Länder in der Bundesrepublik Deutschland*, des *Bundesministeriums für Bildung und Forschung*, der *Wirtschaftsminister-
konferenz* und des *Bundesministeriums für Wirtschaft und Technologie* zum *Deutschen Qualifikationsrahmen für lebenslanges Lernen*
(DQR) trat zum 1. Mai 2013 in Kraft (vgl. DQR-Beschluss der
KMK, 15.11.2012, Anlage DQR, 01.05.2013, BIBB und BMBF-
WEB-Darstellung).

Mit dieser Beschlussgrundlage trägt der DQR dazu bei
- die Gleichwertigkeit von allgemeiner, beruflicher und hochschuli-
  scher Bildung zu verdeutlichen,
- die Orientierung der Qualifikationen an Kompetenzen zu fördern,
- die Orientierung der Qualifizierungsprozesse an Lernergebnissen
  zu fördern,
- Durchlässigkeit und Qualitätssicherung im deutschen Bildungssystem zu unterstützen,
- Möglichkeiten der Anerkennung und Anrechnung von nicht-
  formal und informell erworbenen Kompetenzen zu verbessern
  sowie
- lebenslanges Lernen insgesamt zu stärken.

Durch die Zuordnung von Qualifikationen zu Kompetenzniveaus
werden Unterschiede und Gemeinsamkeiten von Qualifikationen
transparent. Auch ist eine bessere Zuordnung von Qualifikationen in
die Bereiche
- Allgemeinbildung,
- berufliche Bildung,
- Hochschulbildung
jeweils einschließlich der Weiterbildung gegeben.

Im Rahmen der weiteren Entwicklung des DQR werden zukünftig Kompetenzen, die über nicht-formales oder informelles Lernen erworben wurden, gleichberechtigt Eingang in den DQR finden. Diese werden vorbehaltlich der weiteren Erarbeitung eine orientierende und keine regulierende Funktion haben.

Zuordnungsmatrix des DQR

Wenden wir uns im Folgenden der Matrix, ihrer Sinn leitenden Struktur und den Kompetenzen zu. Hier lehne ich mich an die Unterlagen der KMK zum DQR an, wobei ich dort, wo es mir angebracht erscheint, Anmerkungen hinzufüge, die nicht zuletzt aus der Erarbeitungsphase als Vertreter der Bund-Länder-Koordinierungsgruppe resultieren.

Dem DQR liegt, so die offizielle Darstellung, nach dem deutschen Bildungsverständnis ein weiter Bildungsbegriff zugrunde. Hier wäre es der Bedeutung des DQR dienlich gewesen, eine Konkretisierung des zugrundeliegenden Bildungsbegriffs vorzunehmen – dies insbesondere vor dem gesellschaftlichen und kulturellen Hintergrund eines nationalen Qualifikationsrahmens – analog der Schulgesetze der Länder. Gerade aufgrund der die Nation übergreifenden Funktion für alle Bildungsbereiche, wäre eine *bildungstheoretische Ortsbestimmung* wichtig, da diese nicht zuletzt die kulturelle Identität ausmacht. Was als Bildung verstanden wird, und wie man den Gehalt von Bildung erkennbar und damit beleg- und begründbar macht, wäre wichtig, um Bildung nicht der Beliebigkeit anheimfallen zu lassen.
Die Auflistung von beispielhaften Eigenschaften wie *Zuverlässigkeit, Genauigkeit, Ausdauer* und *Aufmerksamkeit*, aber auch *interkulturelle und interreligiöse Kompetenz, gelebte Toleranz* und *de-*

mokratische Verhaltensweisen sowie *normative, ethische und religiöse Reflexivität* sind zwar Beschreibungen, ersetzen aber keinen umfassenden Begriff dessen, was in einem *Deutschen Qualifikationsrahmen* für lebenslanges Lernen als *Bildung* verstanden wird. Wie diese Eigenschaften *konstitutiv* für die *Entwicklung von Handlungskompetenz* in einem Lehr- und Lernprozess zum Tragen kommen sollen, bleibt offen.

Niveaustufen des DQR

Betrachten wir in der nachfolgenden Tabelle den Aufbau und die Struktur der DQR-Niveaus. Diese reichen von der Berufsausbildungsvorbereitung, über berufliche Qualifizierungsformen bis hin zu hochschulischen und betrieblichen Kompetenzbereichen. Diese sind insofern ergebnisoffen, da Qualifikationen der beruflichen Aufstiegsfortbildung, nach einem durch die vorgenannten Beteiligten festgelegten Verfahren, konsensual zugeordnet werden.

Niveau	Qualifikationen

1	Berufsausbildungsvorbereitung
	    Maßnahmen der Arbeitsagentur (BvB)
	    Berufsvorbereitungsjahr (BVJ)

2	Berufsausbildungsvorbereitung
	    Maßnahmen der Arbeitsagentur (BvB)
	    Berufsvorbereitungsjahr (BVJ)
	    Einstiegsqualifizierung (EQ)
	Berufsfachschule (berufliche Grundbildung)

3	duale Berufsausbildung (2-jährige Ausbildungen) Berufsfachschule (mittlerer Schulabschluss)

4	duale Berufsausbildung (3- und 3½-jährige Ausbildungen) Berufsfachschule (Assistentenberufe) Berufsfachschule (vollqualifizierende Berufsausbildung)
5	• IT-Spezialist (zertifizierter)[†] • Servicetechniker (geprüfter)[†]
6	• Bachelor, Diplom (FH), Staatsexamen • Fachkaufmann (geprüfter)[†] Fachschule (Staatlich geprüfter Techniker, Betriebswirt, Gestalter, Erzieher) • Fachwirt (geprüfter) • Meister (geprüfter) • Operativer Professional (IT) (geprüfter)
7	• Master, Diplom (Univ.), Magister, Staatsexamen • Strategischer Professional (IT) (geprüfter)[†]
8	• Promotion (Dr. und Ph. D.)

Kompetenzkategorien des DQR

Was die Kompetenzkategorien betrifft, unterscheidet der DQR in die Kategorien *Fachkompetenz* und *personale Kompetenz*. Die Fachkompetenz ihrerseits ist unterteilt in *Wissen* und *Fertigkeiten*, während die *Personale Kompetenz* die *Sozialkompetenz* und *Selbstständigkeit* umfasst. Hierbei wird – trotz der analytischen Unterscheidungen – die Interdependenz der verschiedenen Aspekte von Kompetenz nicht außer Acht gelassen. Methodenkompetenz wird als Querschnittskompetenz verstanden. Auch der Verzicht der Verwendung des Modalverbs *können* in der DQR-Matrix ist der stringenten Verwendung des Kompetenzbegriffs geschuldet.

Die nachfolgenden Kompetenzniveaus der acht Niveaustufen des DQR stellen ein einheitliches über alle Niveaustufen reichendes Raster von Kriterien dar:

Niveauindikator			
Anforderungsstruktur			
Fachkompetenz		**Personale Kompetenz**	
Wissen	**Fertigkeiten**	**Sozialkompetenz**	**Selbstständigkeit**
Tiefe und Breite	instrumentale und systemische Fertigkeiten, Beurteilungsfähigkeit	Team-/Führungsfähigkeit, Mitgestaltung und Kommunikation	Eigenständigkeit, Verantwortung, Reflexivität und Lernkompetenz

Bei der Anwendung der DQR-Matrix ist zu beachten, dass auf einem Niveau *gleichwertige* und nicht *gleichartige* Qualifikationen abgebildet werden. Die Formulierungen folgen grundsätzlich dem Inklusionsprinzip. Das bedeutet, dass Merkmale in der Stufe benannt werden, in der sie relevant sind. Ist hingegen eine Kompetenzanreicherung gegeben, so wird diese in der nächsthöheren Stufe erwähnt. In der Umkehrung bedeutet das für die Beschreibung der Fachkompetenz jedoch nicht, dass in jedem Fall das jeweils höhere Niveau, aus Wissen und Fertigkeiten der vorherigen Stufe beinhaltet sein muss. Die Zuordnung der Qualifikationen zu den Niveaus des DQR sowie deren Kompetenzen sind ausführlich in einem Handbuch niedergelegt (vgl. DQR-Anlage *Zuordnungen*).
Es ist die Zielsetzung des DQR, alle *formalen* Qualifikationen des deutschen Bildungssystems, von der Allgemeinbildung über die Berufsbildung und Hochschulbildung einschließlich der Weiterbil-

dung zu erfassen und entsprechend zuzuordnen. Auch Kompetenzen, die durch nicht-formales oder informelles Lernen erworben wurden, sollen gleichberechtigt Eingang in den DQR finden – dies vor dem Hintergrund der Maßgabe, dass jedes Qualifikationsniveau auf verschiedenen Bildungswegen erreichbar sein kann. Auch ist der Qualifikationsrahmen für deutsche Hochschulabschlüsse (HQR) kompatibel.

Die tragende Leitidee des DQR ist, was jemand kann, und nicht, wo es gelernt wurde. Diese (Wunsch-)Vorstellung wird nachfolgend an der Zuordnung des Abiturs noch zu reflektieren sein.

In der *Bund-Länder-Koordinierungsgruppe Deutscher Qualifikationsrahmen* wurde sehr intensiv über die Kompetenzbereiche diskutiert. Durch die Expertise der Mitarbeiterinnen und Mitarbeiter des BIBB, die diese Arbeit fachlich fundiert und mit hohem Engagement begleitet und unterstützt haben, war es möglich, ein qualifiziertes Ergebnis vorzulegen. Es gelang, wie die jetzt vorliegende Struktur belegt, in den jeweiligen Niveaus eine *Verknüpfung* so herzustellen, dass die Lern- und Arbeitsbereiche in ihrer spezifischen Ausprägung deutlich werden, ebenso wie die Verbindungen und die jeweils spezifische Besonderheiten der Kompetenzen zutage treten.

Verankerung der schulischen Berufsbildung im DQR

Durch Einbindung der fachlichen Expertise des *Lernortes Berufsschule* gelang es, die jeweiligen Bildungsgänge und die duale Berufsausbildung so in den Niveaustufen zu verankern, dass die Kompetenzbereiche des DQR mit der Beschreibung des Qualifikationstyps der spezifischen Bildungsgänge deckungsfähig sind.

Die dualen Berufe sind *exponiert* den Niveaustufen 3 und 4 zugeordnet. In der DQR-Übersicht der Zuordnungen (vgl. DQR;

01.05.2013) findet man z. B. zu allen zweijährigen Ausbildungsberuf, der der Niveaustufe 3 zugeordnet ist, eine Kurzbeschreibung des Berufsbildes mit Bezug auf die rechtlichen Grundlagen. Der Logik der Kompetenzbeschreibung folgend, ist auch die zweijährige Berufsfachschule, die den mittleren Schulabschluss umfasst, dieser Niveaustufe zugeordnet. Dass diese Zuordnung ohne Veränderung der Lehrpläne möglich war zeigt, wie eng der Wissensbereich – insbesondere was die berufsbezogenen Lerninhalte betrifft – an Arbeits- und Geschäftsprozessen orientiert ist und die zu erwerbenden Fertigkeiten in ihrer Beruflichkeit auf Produktions- oder Geschäftsprozesse ausgerichtet sind. Hinzu kommt, dass die zu erwerbenden personalen Kompetenzen in den schulischen Bildungsgängen, durch ihren auf Handlung ausgerichteten Implikationszusammenhang von Inhalt und Methode, Kommunikationsprozesse und Abläufe betriebsnah simulieren.

Diese Struktur ist auch auf der Niveaustufe 4 gegeben, in der sich die drei- und dreieinhalbjährigen Berufe, die vollschulisch qualifizierende höhere Berufsfachschule (Assistentenberufe) sowie die vollschulisch qualifizierende Berufsfachschule wiederfinden. Diese *Gleichwertigkeit der Zuordnung* dualer Berufsausbildung und die Abbildung aller Schulformen, und ihrer Bildungsgänge, zeigt die enge Verzahnung berufsschulischer Qualifikationen mit der betrieblichen Realität in der Wirtschaft.

Vergegenwärtigt man sich wie kontrovers – auch öffentlich – Diskussionen zu Veränderungen in Lehrplänen ausgetragen werden, so hebt sich das berufliche Bildungssystem wohltuend von diesen teils sehr undifferenziert geführten Debatten ab. Durch die Zusammenarbeit der Sozialpartner, der beteiligten Ministerien – unter Federführung des Wirtschaftsministeriums, wenn es um die duale Berufsausbildung geht –, der Expertise des BIBB sowie der Beratung im Hauptausschuss des BIBB (vgl. Kapitel 6), gepaart mit der parallelen Erarbeitung bzw. kontinuierlichen Neuordnung der schulischen Rahmenlehrpläne, ist eine stete Anpassung an neue Entwicklungen gegeben. Damit kann das berufliche Bildungssystem mit Fug und Recht als flexibel, aktuell und zukunftsgerichtet charakterisiert werden. Dies ist auch im Hinblick auf die weitere Entwicklung zu einem europäischen Bildungsraum nicht zu unterschätzen., Kulturföderale Petitessen belasten hier nicht die Waagschale.

Dennoch darf nicht verkannt werden, dass die Zuordnung der allgemeinbildenden Abschlüsse in den DQR ungeklärt ist. Aus dem Beschluss der KMK vom 15.11.2012 zum DQR und dem in Artikel 3 formulierten *Prüfauftrag* kann man unschwer entnehmen, dass der seinerzeitige Streit der Zuordnung des sogenannten *Abiturs* (allgemeine und fachgebundene Hochschulreife auf Niveau 5), ebenso wie die Zuordnung der übrigen allgemeinbildenden Abschlüsse noch virulent ist. Vor dem Hintergrund der leitenden Intentionen des DQR täte man gut daran, den *allgemeinbildenden Abschlüssen* eine *dienende* und keine *strukturierende* Funktion im *DQR* zuzuweisen. Damit blieben diese außen vor, hätten einen eigenen Stellenwert und müssten sich nicht den Kriterien einer DQR-Matrix unterwerfen, deren Erfüllung aufgrund der Spezifik dieser Schulformen nicht gegeben ist.

Doch der damalige Streit, der sich an der Zuordnung des Abiturs entzündete, ist nur vertagt. Auch wenn sich der Hauptausschuss des BIBB in einer Stellungnahme (BIBB-Pressemeldung Nr. 50, 2011) als Parlament der Berufsbildung gegen den Schulausschuss der KMK stellte, wird sich dieser mit seiner *überwiegend eindimensionalen Ausrichtung auf das allgemeinbildende Schulwesen* (siehe Kapitel 4), sich in dieser Auseinandersetzung noch als streitbarer Partner erweisen.

Man stelle sich vor, das Abitur wäre auf Niveau 5, dann stünde dieses neben der *Eintrittspforte der beruflichen Fortbildung* – eine

Überhöhung, die grotesk wäre. Beantwortet werden müßte die Frage, welche Handlungskompetenz, Fähigkeiten und Kenntnisse diese Zuordnung rechtfertigen würden. Noch zu gut ist mir ein seinerzeitiges Gespräch in Erinnerung, in dem u. a. Sozialpartner eines der größten Chemiekonzerne in Deutschland die Frage an die Vertretung in der KMK richteten, wie man sich bei der Zuordnung des Abiturs zu verhalten gedenke. Der Versuch einer Begründung hätte vielleicht dem Verband der Philologen zur Ehre gereicht, nicht aber den Vertretern der Arbeitgeberseite und den Gewerkschaften .

Andererseits wird zu beobachten sein, inwieweit man nicht mit der Zuordnung der Berufsfachschule (mittlerer Schulabschluss) eine Flanke geöffnet hat. Denn so fundiert die Diskussion gegen die Zuordnung des Abiturs auf Niveau 5 geführt wurde, so brüchig kann die Argumentation sein, wenn man der an der allgemeinbildenden Schule erworbenen mittleren Reife die Zuordnung nach Niveau 3 verwehrt. Ob hier die Kompetenz der beruflichen Grundbildung, die das Profil der Berufsfachschule prägt, der *schützende Wall* sein kann, darf in Zweifel gezogen werden.

Nachfolgend die Kompetenzbeschreibungen zu den jeweiligen Niveaus:

Niveau 1

Über Kompetenzen zur Erfüllung einfacher Anforderungen in einem überschaubar und stabil strukturierten Lern- oder Arbeitsbereich verfügen. Die Erfüllung der Aufgaben erfolgt unter Anleitung.

Fachkompetenz	
Wissen	**Fertigkeiten**
Über elementares allgemeines Wissen verfügen. Einen ersten Einblick in einen Lern- oder Arbeitsbereich haben.	Über kognitive und praktische Fertigkeiten verfügen, um einfache Aufgaben nach vorgegebenen Regeln auszuführen und deren Ergebnisse zu beurteilen. Elementare Zusammenhänge herstellen.

Personale Kompetenz	
Sozialkompetenz	**Selbstständigkeit**
Mit anderen zusammen lernen oder arbeiten, sich mündlich und schriftlich informieren und austauschen.	Unter Anleitung lernen oder arbeiten. Das eigene und das Handeln anderer einschätzen und Lernberatung annehmen.

Niveau 2

Über Kompetenzen zur fachgerechten Erfüllung grundlegender Anforderungen in einem überschaubar und stabil strukturierten Lern- oder Arbeitsbereich verfügen. Die Erfüllung der Aufgaben erfolgt weitgehend unter Anleitung.

Fachkompetenz	
Wissen	**Fertigkeiten**
Über elementares allgemeines Wissen verfügen. Über grundlegendes allgemeines Wissen und grundlegendes Fachwissen in einem Lern- oder Arbeitsbereich verfügen.	Über grundlegende kognitive und praktische Fertigkeiten zur Ausführung von Aufgaben in einem Lern- oder Arbeitsbereich verfügen und deren Ergebnisse nach vorgegebenen Maßstäben beurteilen sowie Zusammenhänge herstellen.

Personale Kompetenz	
Sozialkompetenz	**Selbstständigkeit**
In einer Gruppe mitwirken. Allgemeine Anregungen und Kritik aufnehmen und äußern. In mündlicher und schriftlicher Kommunikation situationsgerecht agieren und reagieren. In bekannten und stabilen Kontexten weitgehend unter Anleitung verantwortungsbewusst lernen oder arbeiten. Das eigene und das Handeln anderer einschätzen.	Vorgegebene Lernhilfen nutzen und Lernberatung nachfragen.

Niveau 3

Über Kompetenzen zur selbstständigen Erfüllung fachlicher Anforderungen in einem noch überschaubaren und zum Teil offen strukturierten Lernbereich oder beruflichen Tätigkeitsfeld verfügen.

Fachkompetenz	
Wissen	**Fertigkeiten**
Über erweitertes allgemeines Wissen oder über erweitertes Fachwissen in einem Lernbereich oder beruflichen Tätigkeitsfeld verfügen.	Über ein Spektrum von kognitiven und praktischen Fertigkeiten zur Planung und Bearbeitung von fachlichen Aufgaben in einem Lernbereich oder beruflichen Tätigkeitsfeld verfügen. Ergebnisse nach weitgehend vorgegebenen Maßstäben beurteilen, einfache Transferleistungen erbringen.

Personale Kompetenz	
Sozialkompetenz	**Selbstständigkeit**
In einer Gruppe mitwirken und punktuell Unterstützung anbieten. Die Lern- oder Arbeitsumgebung mitgestalten, Abläufe gestalten und Ergebnisse adressatenbezogen darstellen.	Auch in weniger bekannten Kontexten eigenständig und verantwortungsbewusst lernen oder arbeiten. Das eigene und das Handeln anderer einschätzen. Lernberatung nachfragen und verschiedene Lernhilfen auswählen.

Niveau 4

Über Kompetenzen zur selbstständigen Planung und Bearbeitung fachlicher Aufgabenstellungen in einem umfassenden, sich verändernden Lernbereich oder beruflichen Tätigkeitsfeld verfügen.

Fachkompetenz	
Wissen	**Fertigkeiten**
Über vertieftes allgemeines Wissen oder über fachtheoretisches Wissen in einem Lernbereich oder beruflichen Tätigkeitsfeld verfügen.	Über ein breites Spektrum kognitiver und praktischer Fertigkeiten verfügen, die selbstständige Aufgabenbearbeitung und Problemlösung sowie die Beurteilung von Arbeitsergebnissen und -prozessen unter Einbeziehung von Handlungsalternativen und Wechselwirkungen mit benachbarten Bereichen ermöglichen. Transferleistungen erbringen.

Personale Kompetenz	
Sozialkompetenz	**Selbstständigkeit**
Die Arbeit in einer Gruppe und deren Lern- oder Arbeitsumgebung mitgestalten und kontinuierlich Unterstützung anbieten. Abläufe und Ergebnisse begründen. Über Sachverhalte umfassend kommunizieren.	Sich Lern- und Arbeitsziele setzen, sie reflektieren, realisieren und verantworten.

Niveau 5

Über Kompetenzen zur selbstständigen Planung und Bearbeitung umfassender fachlicher Aufgabenstellungen in einem komplexen, spezialisierten und sich verändernden Lernbereich oder beruflichen Tätigkeitsfcld verfügen.

Fachkompetenz	
Wissen	**Fertigkeiten**
Über integriertes Fachwissen in einem Lernbereich **oder** über integriertes berufliches Wissen in einem Tätigkeitsfeld verfügen. Das schließt auch vertieftes fachtheoretisches Wissen ein. Umfang und Grenzen des Lernbereichs oder beruflichen Tätigkeitsfelds kennen.	Über ein sehr breites Spektrum spezialisierter kognitiver und praktischer Fertigkeiten verfügen. Arbeitsprozesse übergreifend planen und sie unter umfassender Einbeziehung von Handlungsalternativen und Wechselwirkungen mit benachbarten Bereichen beurteilen. Umfassende Transferleistungen erbringen.

Personale Kompetenz	
Sozialkompetenz	**Selbstständigkeit**
Arbeitsprozesse kooperativ, auch in heterogenen Gruppen, planen und gestalten, andere anleiten und mit fundierter Lernberatung unterstützen. Auch fachübergreifend komplexe Sachverhalte strukturiert, zielgerichtet und adressatbezogen darstellen. Interessen und Bedarf von Adressaten vorausschauend berücksichtigen.	Eigene und fremd gesetzte Lern- und Arbeitsziele reflektieren, bewerten, selbst gesteuert verfolgen und verantworten sowie Konsequenzen für die Arbeitsprozesse im Team ziehen.

Niveau 6

Über Kompetenzen zur Planung, Bearbeitung und Auswertung von umfassenden fachlichen Aufgaben- und Problemstellungen sowie zur eigenverantwortlichen Steuerung von Prozessen in Teilbereichen eines wissenschaftlichen Faches oder in einem beruflichen Tätigkeitsfeld verfügen. Die Anforderungsstruktur ist durch Komplexität und häufige Veränderungen gekennzeichnet.

Fachkompetenz	
Wissen	**Fertigkeiten**
Über breites und integriertes Wissen einschließlich der wissenschaftlichen Grundlagen, der praktischen Anwendung eines wissenschaftlichen Faches sowie eines kritischen Verständnisses der wichtigsten Theorien und Methoden (entsprechend der Stufe-I-Bachelor-Ebene des HQR oder über breites und integriertes berufliches Wissen einschließlich der aktuellen fachlichen Entwicklungen verfügen. Kenntnisse zur Weiterentwicklung eines wissenschaftlichen Faches oder eines beruflichen Tätigkeitsfeldes besitzen. Über einschlägiges Wissen an Schnittstellen zu anderen Bereichen verfügen.	Über ein sehr breites Spektrum an Methoden zur Bearbeitung komplexer Probleme in einem wissenschaftlichen Fach, (entsprechend der Stufe 1 [Bachelor-Ebene] des Qualifikationsrahmens für deutsche Hochschulabschlüsse), weiteren Lernbereichen **oder** einem beruflichen Tätigkeitsfeld verfügen. Neue Lösungen erarbeiten und unter Berücksichtigung unterschiedlicher Maßstäbe beurteilen, auch bei sich häufig ändernden Anforderungen

Personale Kompetenz	
Sozialkompetenz	**Selbstständigkeit**
In Expertenteams verantwortlich arbeiten **oder** Gruppen oder verantwortlich leiten. Die fachliche Entwicklung anderer anleiten und vorausschauend mit Problemen im Team umgehen. Komplexe fachbezogene Probleme und Lösungen gegenüber Fachleuten argumentativ vertreten und mit ihnen weiterentwickeln.	Ziele für Lern- und Arbeitsprozesse definieren, reflektieren und bewerten sowie Lern- und Arbeitsprozesse eigenständig und nachhaltig gestalten.

Niveau 7

Über Kompetenzen zur Bearbeitung von neuen komplexen Aufgaben- und Problemstellungen sowie zur eigenverantwortlichen Steuerung von Prozessen in einem wissenschaftlichen Fach oder in einem strategieorientierten beruflichen Tätigkeitsfeld verfügen. Die Anforderungsstruktur ist durch häufige und unvorhersehbare Veränderungen gekennzeichnet.

Fachkompetenz	
Wissen	**Fertigkeiten**
Über umfassendes, detailliertes und spezialisiertes Wissen auf dem neuesten Erkenntnisstand in einem wissenschaftlichen Fach (entsprechend der Stufe 2 [Master-Ebene] des Qualifikationsrahmens für deutsche Hochschulabschlüsse) **oder** über umfassendes berufliches Wissen in einem strategieorientierten beruflichen Tätigkeitsfeld verfügen. Über erweitertes Wissen in angrenzenden Bereichen verfügen.	Über spezialisierte fachliche oder konzeptionelle Fertigkeiten zur Lösung auch strategischer Probleme in einem wissenschaftlichen Fach (entsprechend der Stufe 2 [Master-Ebene] des Qualifikationsrahmens für deutsche Hochschulabschlüsse) **oder** in einem beruflichen Tätigkeitsfeld verfügen. Auch bei unvollständiger Information Alternativen abwägen. Neue Ideen oder Verfahren entwickeln, anwenden und unter Berücksichtigung unterschiedlicher Beurteilungsmaßstäbe bewerten.

Personale Kompetenz	
Sozialkompetenz	**Selbstständigkeit**
Gruppen oder Organisationen im Rahmen komplexer Aufgabenstellungen verantwortlich leiten und ihre Arbeitsergebnisse vertreten. Die fachliche Entwicklung anderer gezielt fördern. Bereichsspezifische und -übergreifende Diskussionen führen.	Für neue anwendungs- oder forschungsorientierte Aufgaben Ziele unter Reflexion der möglichen gesellschaftlichen, wirtschaftlichen und kulturellen Auswirkungen definieren, geeignete Mittel einsetzen und hierfür Wissen eigenständig erschließen.

Niveau 8

Über Kompetenzen zur Gewinnung von Forschungserkenntnissen in einem wissenschaftlichen Fach oder zur Entwicklung innovativer Lösungen und Verfahren in einem beruflichen Tätigkeitsfeld verfügen. Die Anforderungsstruktur ist durch neuartige und unklare Problemlagen gekennzeichnet.

Fachkompetenz	
Wissen	**Fertigkeiten**
Über umfassendes, spezialisiertes und systematisches Wissen in einer Forschungsdisziplin verfügen und zur Erweiterung des Wissens der Fachdisziplin beitragen (entsprechend der Stufe 3 [Doktoratsebene] des Qualifikationsrahmens für deutsche Hochschulabschlüsse) **oder** über umfassendes berufliches Wissen in einem strategie- und innovationsorientierten beruflichen Tätigkeitsfeld verfügen. Über entsprechendes Wissen an den Schnittstellen zu angrenzenden Bereichen verfügen.	Über umfassend entwickelte Fertigkeiten zur Identifizierung und Lösung neuartiger Problemstellungen in den Bereichen Forschung, Entwicklung oder Innovation in einem spezialisierten wissenschaftlichen Fach (entsprechend der Stufe 3 [Doktoratsebene] des Qualifikationsrahmens für deutsche Hochschulabschlüsse) **oder** in einem beruflichen Tätigkeitsfeld verfügen. Innovative Prozesse auch Tätigkeitsfeld übergreifend konzipieren, durchführen, steuern, reflektieren und beurteilen. Neue Ideen und Verfahren beurteilen.

Personale Kompetenz	
Sozialkompetenz	**Selbstständigkeit**
Organisationen oder Gruppen mit komplexen bzw. interdisziplinären Aufgabenstellungen verantwortlich leiten, dabei ihre Potenziale aktivieren. Die fachliche Entwicklung anderer nachhaltig gezielt fördern. Fachübergreifend Diskussionen führen und in fachspezifischen Diskussionen innovative Beiträge einbringen, auch in internationalen Kontexten.	Für neue komplexe anwendungs- oder forschungsorientierte Aufgaben Ziele unter Reflexion der möglichen gesellschaftlichen, wirtschaftlichen und kulturellen Auswirkungen definieren, geeignete Mittel wählen und neue Ideen und Prozesse entwickeln.

Dies umfasst Unternehmen, Verwaltungseinheiten oder gemeinnützige Organisationen.

Abschließend noch eine Anmerkung zur Zuordnung der Fachschulabschlüsse, die an beruflichen Schulen erworben werden können. Die Zuordnung dieser Abschlüsse, die gleichwertig zu den Bachelor-Abschlüssen auf Niveau 6 sind, drückt die Qualifikation aus, die dieser berufliche Weg der Höherqualifizierung im Rahmen der Weiterbildung über das berufsbildende Schulwesen hat.

Vor diesem Hintergrund kann man die Frage stellen, ob der DQR den Anspruch eines die Bildungsbereiche übergreifenden Rahmens einlöst. Aus meiner Sicht ist dieses gegeben, da die Kompetenzbereiche sowohl von der betrieblichen Tätigkeit als auch von der beruflichen Bildung her abbildbar, abgrenzbar und verifizierbar sind. Der DQR weist aus, dass ein *Durchstieg* über *alle Niveaustufen* sowohl über die betriebliche Praxis als auch die berufsschulische Qualifizierung bis hin zum universitären Sektor möglich ist. Auch die Niveaustufe 7 ist über den beruflichen Weg (berufliche Kompetenzbereiche) und eine hierauf bezogene Weiterbildung Niveau 7 erreichbar.

DQR – Gleichwertigkeit beruflicher und akademischer Kompetenzen über alle Niveaustufen

Wenn in der weiteren Entwicklung und Fortschreibung des DQR, die Anerkennung auch nicht-formaler und informeller Kompetenzen abgebildet werden, stehen der Mobilität in Europa keine unüberwindbaren Hürden mehr entgegen. Das Recht, in jedem Land der Europäischen Union eine Beschäftigung auszuüben und sich zu diesem Zweck dort aufzuhalten, hat bereits jetzt Gültigkeit. Durch den konsequenten Ausweis der Niveaus auf Zeugnissen und Zertifikaten, wird die Frage der Anerkennung von Abschlüssen ihre Brisanz verlieren.

Die Entwicklung modularer Qualifizierungskonzepte (Kapitel 7) und die Berufsbildung aus europäischer Sicht (Kapitel 8) werfen die Frage auf was zu tun ist, damit dieser Prozess sich in den berufsbildenden Schulen niederschlägt, weiterentwickelt und die Schulen zukunftsfähig ausrichtet.

Meine Antwort hierauf ist einfach und dennoch komplex: *Schule sollte in Freiheit entlassen werden.* Die gestaltungsoffene Struktur des DQR, die Strukturüberlegungen einer Neuausrichtung der beruflichen Bildung und die praktizierten entwicklungsoffenen Bildungskonzepte, bedürfen einer *Kultur der Freiheit,* die bekanntlich Verantwortung einschließt.

Vor diesem Hintergrund blockieren starre Regelungen, Vorgaben, Verwaltungsvorschriften und die unbeugsame Umsetzung schulgesetzlicher Regelungen die Entfaltung der Schule. An Beispielen wird im folgenden Kapitel zu zeigen sein, welche Wege denkbar sind, Schulen Freiheit zu gewähren und diese keinen engen schulgesetzlichen Regelungen zu unterwerfen.

11. Schule in die Freiheit entlassen

Im folgenden Kapitel werden Schulentwicklungen, die sich in unterschiedlichen Bundesländern in der Planung, Erprobung oder Umsetzung befinden, aus dem Blickwinkel *Freiheit der Schule – Ende der Bevormundung durch Bürokratie, Schulverwaltung und Schulaufsicht* näher beleuchtet. An den in den jeweiligen Ländern veränderten strukturellen Rahmenbedingungen auf dem Weg in die Selbstverantwortung wird verdeutlicht, inwieweit Aussagen wie *Schule als Kompetenzzentrum, selbstständige Schule* oder *eigenverantwortete Schule* – um nur einige der Begriffe zu nennen – einlösbar bzw. eingelöst sind.

Das Hamburger Modell der Selbstverantwortung

Die aus meiner Sicht weitreichendste Entwicklung auf dem Weg zur Selbstverantwortung hat Hamburg mit der Einrichtung eines eigenen *Landesbetriebes der Behörde für Schule und Berufsbildung* (HIBB) beschritten. Der Landesbetrieb hat die Aufgabe der zentralen Steuerung, Beratung und Unterstützung der 39 staatlichen berufsbildenden Schulen. Ferner nimmt das HIBB die Aufgabe der Schulaufsicht wahr und verantwortet die Weiterentwicklung der Schulen.

Hervorstechendstes Merkmal des HIBB ist, dass der Landesbetrieb aus den Strukturen der Kultusbürokratie weitgehend herausgelöst ist, einen Geschäftsführer hat und unmittelbar der Leitung der Behörde für Bildung und Sport untersteht. Mit der dadurch gegebenen Eigenverantwortung obliegt das gesamte operative Geschäft dem HIBB, das in Hamburg in die Geschäftsbereiche

- Schulentwicklung/Steuerung, Beratung,
- Übergang Schule/Beruf,
- Personal und Finanzen sowie
- außerschulische Berufsbildung

untergliedert ist.

Zugeordnet sind ferner zwei Stabsstellen. Diesen fällt die Aufgabe zu, das strategische Controlling, die Öffentlichkeitsarbeit sowie die Zuständigkeit für Bürgerschaftsangelegenheiten wahrzunehmen. Der Geschäftsführung steht als Beratungsorgan ein Kuratorium zur Seite. Dieses setzt sich drittelparitätisch aus je drei Vertretern der Behörde für Schule und Berufsbildung, der Kammern und Verbände sowie der Gewerkschaften zusammen. Die berufsbildenden Schulen haben im Kuratorium eine beratende Funktion und sind mit zwei SchulleiterInnen dort vertreten.

Die Aufgabengliederung des HIBB umfasst folgende Bereiche:
- Beratung und Unterstützung der beruflichen Schulen,
- Rechts- und Fachaufsicht über die beruflichen Schulen,
- Dienstaufsicht über die Schulleiterinnen und Schulleiter,
- Erstellung eines Wirtschaftsplans sowie Verteilung der Einzelbudgets auf die Schulen,
- Steuerung der beruflichen Schulen über Ziel- und Leistungsvereinbarungen, Clearingstelle, kontinuierliche Qualitätsentwicklung, Controlling und Berichtswesen,
- Wahrnehmung aller ministeriellen Aufgaben und Grundsatzangelegenheiten der beruflichen Bildung und Weiterbildung,
- Partner der Jugendberufsagentur,
- Weiterentwicklung bestehender Förderstrukturen und außerschulischer Berufsbildungsprogramme.

Differenz zur traditionellen Kultusbürokratie

Das *Hamburger Modell* weist einen fundamentalen Unterschied zur
traditionellen Struktur der Kultusbürokratie auf. In der traditionellen
Kultusverwaltung ist die Entscheidungsstruktur diversifiziert. Meist
sind mehrere Abteilungen einzubinden, damit z. B. eine Entwicklung, ein Problem einer Lösung zugeführt werden kann. Da jedoch
jeder Bereich auf die *Wahrung der Zuständigkeit nach dem Ge-
schäftsverteilungsplan* pocht, ist dieses mit Aspekten von *Macht
und Herrschaft* verbunden. So ist traditionell zwar die Abteilung für
Berufsbildung für die beruflichen Schulen und für alle Fragen, die
mit der Berufsbildung im Zusammenhang stehen zuständig. Geht es
jedoch z. B. um die Personalbewirtschaftung, fächert sich der Zuständigkeitsbereich auf. Die Forderung nach mehr Stellen ist meist
mit einem harten Ringen verbunden, wobei häufig nach der Devise
Känguru gehandelt wird, mit möglichst gleichem Mittelansatz große bildungspolitische Sprünge jedweder Art zu vollziehen.
Demgegenüber ressortiert die gesamte operative Steuerung der beruflichen Schulen Hamburgs im HIBB und liegt damit in einer
Hand. Die hierdurch entstehenden kurzen Wege – sowohl was die
Abläufe betrifft, als auch die Kommunikation nach *innen* und *außen*
gegenüber den Schulen – führen dazu, dass es klare Strukturen gibt
wer für *was* mit welcher *Kompetenz* in dem Landesbetrieb zuständig ist. Damit wird der beliebte Brauch innerhalb der Kultusverwaltung, fachlich zuständige Abteilungen gegeneinander auszuspielen,
um Vorteile für die eigene Organisationseinheit herauszuholen, ein-
gedämmt oder unterbunden. Oft – so meine Erfahrung – wird schulische Selbstständigkeit, wenn geteilte Zuständigkeiten gegeben
sind, dahin gehend konterkariert, dass dienstliche Abläufe, die
durchaus einen Sinn haben, umgangen werden. Insbesondere die
Tätigkeit der Schulaufsicht erfordert klare Regelungen, um die Ver-

gleichbarkeit der schulischen Strukturen, der dienstlichen Abläufe und des *Gesamtgefüges der Schulen* im Blick zu haben.

Vorteile des Hamburger Modells der Selbstverantwortung

Es soll nicht verkannt werden, dass die Steuerung der Selbstverantwortung in einem Stadtstaat, mit einer überschaubaren Ausdehnung und damit der Möglichkeit der gegebenen räumlichen Bündelung von berufsbildenden Schulen, leichter zu bewerkstelligen ist als in Flächenländern. So konsequent es ist, diesen *neuen Weg der Steuerung von Schule* zu beschreiten und die Schulentwicklung einem Landesbetrieb zu überantworten – sowohl was die Berufsbildungspolitik, die inhaltliche Ausgestaltung der Lehrpläne als auch die Schulentwicklung und den Schuletat betrifft –, stellt es doch auch einen Vertrauensvorschuss vonseiten der Politik dar, der zur Gestaltung von Schule motiviert.

Darüber hinaus gewährt man der Schule Freiheit, gibt Verantwortung ab und fordert diese dort ein, wo sie nicht nur zu erbringen, sondern auch erbringbar ist. Durch die den Schulen obliegende Berichtspflicht über Ziel- und Leistungsvereinbarungen, eine hierauf bezogene Schulberatung und ein sich daraus ergebendes Controlling mit angegliedertem Berichtswesen, erfolgt eine Steuerung im Rahmen der neuen Schulkultur. Hierbei ist nicht die Über- und Unterordnung, sondern das Miteinander auf Augenhöhe alltägliche Praxis.

Da das Kuratorium durch die Geschäftsführung in allen vorgenannten Angelegenheiten bis hin zur Ernennung von Schulleitungen beteiligt wird, etabliert sich eine neue Kommunikationskultur. Im Unterschied zu heterogenen Zuständigkeiten – die typisch für traditionelle Kultusbürokratien sind – ist hier ein Beteiligungs-, Mitwirkungs-

und Kommunikationsrahmen gegeben, der ein Agieren auf Augenhöhe zwischen den Beteiligten ermöglicht. Dieses schafft Raum dafür, dass man Interessenkonflikte frühzeitig erörtern kann und infolgedessen ein Konsens möglich ist, da bereits im Vorfeld, durch eine frühe Beteiligung, alle relevanten Gruppen eingebunden sind. Damit werden die wesentlichen Aktcure gefragt, ernst genommen und in die Verantwortung eingebunden.

Konsequent ist dann auch, dass die staatlichen Schulen für die Unterrichtsqualität sowie die Personal- und Organisationsentwicklung die Verantwortung tragen. Hier unterscheidet sich die *Hamburger Entwicklung* jedoch nicht von den – nach meiner Kenntnis – in allen Bundesländern praktizierten, teilweise auch zertifizierten Qualitätsentwicklungen, was den Unterricht und die Lehr- und Lernkultur betrifft, ein Aspekt, auf den noch einzugehen ist. Dieses gilt ebenso für die Schulentwicklungsplanung, deren Ziel es in allen Bundesländern ist, das berufliche Bildungssystem leistungsfähig und marktkonform, sowohl was die Angebots- und Nachfragestruktur als auch die demografische Entwicklung betrifft, auszurichten.

Berufsschule als rechtsfähige Einheit – der Weg von Schleswig-Holstein

Im Unterschied zu Hamburg, steht in Schleswig Holstein die Frage der *Rechtfähigkeit der Berufsschulen* im Zentrum der Neuausrichtung. Dieser Blickwinkel – um im Bild zu bleiben – ist ein Winkel, der einengen kann, da er die Frage aufwirft, ob die Rechtfähigkeit eine zwingende Voraussetzung ist, um Schule gestalten und Schulentwicklung betreiben zu können.

Ich denke nicht! Die Schul- und Unterrichtsentwicklung ist nicht an eine eigene Rechtsfähigkeit gebunden, vielmehr kann und sollte dieser Prozess auch an einer selbstständigen und nicht rechtsfähigen Schule uneingeschränkt möglich und damit umsetzbar sein. Dieses wird auf der Grundlage der Überlegungen in Schleswig-Holstein, derjenigen in Hessen und Rheinland-Pfalz zu begründen sein.

Doch zuvor die wesentlichen Aspekte, die in Schleswig-Holstein im Rahmen der Weiterentwicklung der beruflichen Schulen zu *Regionalen Berufsbildungszentren* (RBZ) als zielführend angesehen werden:

Im Rahmen des BLK-Programms *Kooperation der Lernorte* wurde in mehreren Bundesländern, so z. B. in Schleswig-Holstein und in Rheinland-Pfalz, in Modellversuchen erprobt, inwieweit und unter welchen Bedingungen sich berufsbildende Schulen als regionale Kompetenzzentren für Aus- und Weiterbildungspartnerschaften entwickeln können.

Hierbei ging man unter anderem von folgenden Fragestellungen aus:

- Wo liegen die Möglichkeiten und Grenzen, die Aufgaben der beruflichen Bildung, die durch den gesetzlichen Rahmen (Verfassung der Länder/Schulgesetze) vorgegeben sind, durch neue Informations-, Qualifizierungs- und Beratungsangebote zu ergänzen und qualitativ zu verbessern?

- Welche organisatorischen Strukturen sind für diese Zielsetzung zu entwickeln?

- Wie können Entscheidungsnetzwerke, in denen die Repräsentanten der für die Regionalentwicklung relevanten Institutionen mitwirken, gestaltet sein?

- Welche personellen und institutionellen Rahmenbedingungen sind erforderlich, um die beruflichen Schulen als Einrichtungen zur Verbesserung des innovativen Potenzials in den Regionen nach innen und nach außen zu entwickeln?

- Welches Dienstleistungs- und Serviceprofil ist für ein solches Kompetenzzentrum in der Region zu erarbeiten?
- Welche Formen der Selbstständigkeit und der dezentralen Entscheidungskompetenz sind erforderlich?
- Ist eine Budgethoheit notwendig und wenn ja, in welcher Ausprägung?
- Ist hierzu die Einführung von Qualitätsmanagementkonzepten notwendig?

Diese exemplarischen Fragen waren vor dem Hintergrund des Verfassungsgebotes, dass *das gesamte Schulwesen unter der Aufsicht des Staates steht* zu reflektieren. Auch sind Fragen der Bewirtschaftung (Land/Schulträger), der Budgethoheit und -transparenz ebenfalls in den Blick zu nehmen.

Das Budgetierungskonzept kann sowohl die räumliche und sächliche Ausstattung, die bauliche Erhaltung, die Erweiterung und Erneuerung als auch die Personalbewirtschaftung (Geld statt Stellen) umfassen. Hieraus ableitend definierte man in Schleswig-Holstein die Frage, inwieweit die Entwicklung nicht die Umwandlung der Schulen in rechtsfähige Anstalten des öffentlichen Rechts notwendig macht, da man in der Nichtrechtsfähigkeit ein Hindernis für die Wahrnehmung der Aufgaben sah (Marwede, ZBV, Jg. 30, 2013, S. 5).

Die Herauslösung aus der öffentlichen Verwaltung und Überführung in eine *eigene Verwaltungsträgereinheit* wird in Verbindung gebracht mit einer dann möglichen Rahmensteuerung durch den Staat und der damit in Verbindung stehenden Möglichkeit ein eigenes Bildungsangebot zu entwickeln. Der hieraus erwachsene Gedanke, den staatlichen Bildungsauftrag um Möglichkeiten der Weiterbildung zu erweitern und als Anbieter auf diesem Bildungsmarkt zu agieren, wird u. a. mit der Notwendigkeit einer eigenen Rechtsfähigkeit in Beziehung gesetzt. Dem Staat kommt somit die Rolle des

Nachtwächters zu. Er hat es mit einer *abgetrennten Organisationseinheit* zu tun, was zu einer Neudefinition der Rolle der Kultusverwaltung und der nachgeordneten Schulaufsicht führt. Hingegen erfährt der Schulträger in diesem Modell einen Bedeutungszuwachs. Ihm kommt nach dem Schulgesetz die Rolle des *Anstaltsträgers* zu, der eine Satzung zu entwickeln hat, die sich aus dem Schulgesetz ergibt. Die dort fixierten Aufgaben weisen den Schulträger in die Rolle des *Erfüllungsgehilfen*, der den fixierten Pflichten nachkommen muss. Diese umfassen sowohl die Schulentwicklungsplanung, die Mittelbewirtschaftung und die Gewährleistung des erforderlichen Personal- und Sachmittelbedarfs der Schule.

Die zu erfüllenden Aufgaben sind ähnliche wie in Hamburg, wobei die Zuweisung der Aufgaben an den Schulträger der Struktur eines *Flächenlandes* geschuldet sind. Demgegenüber übt ein Stadtstaat eine Doppelfunktion aus. Er vereint in sich die Rolle der Kultusverwaltung und die des Schulträgers. Dies erklärt auch die Einrichtung des Verwaltungsrates und die Implementierung der Geschäftsführung. Während die zentrale Struktur von Hamburg diese Aufgaben im HIBB bündelt, wird die Geschäftsführung in Schleswig-Holstein den Schulleitungen übertragen, denen ihrerseits wie in Hamburg ein Verwaltungsrat als zentrales Aufsichts- und Beschlussorgan zur Seite steht.

Abschließend noch ein Blick auf die Budgetierung, die Personalbewirtschaftung, die Tätigkeit als Dienstleister außerhalb des staatlichen Bildungsauftrages und die Qualitätsentwicklung:

Was die Finanzströme betrifft, so ist sachlogisch zwischen Land und Anstaltsträger eine Trennungslinie vorhanden, da es sich bei den Budgets des Landes und denen des Schulträgers um getrennte Finanzkreisläufe handelt. Eigene Mitteleinkünfte, die das RBZ erzielt, stehen diesem uneingeschränkt zur Verfügung. Diese Bewirtschaftung kann Vor- und Nachteile haben, resultiert aber auch hier im Unterschied zu Hamburg aus der Struktur eines Flächenlandes. Ein Gesamtbudget würde zweifellos die Gestaltungsmöglichkeiten im Sinn der Eigenverantwortung begünstigen. Andererseits kann das Problem auftreten, dass mit einem Gesamtbudget die Transparenz leidet. Wenn die Zuwendungen (Land/Schulträger) bei der gegebenen und wahrscheinlich zunehmenden Finanzproblematik der Länder und Kommunen zu Mittelkürzungen führen, will keiner dafür verantwortlich sein, wenn das Gesamtbudget von Kürzungen betroffen ist. Damit eröffnet sich die Möglichkeit, dass die Beteiligten sich wechselseitig die Schuld an der Budgetkürzung zuweisen.

Auch die Personalbewirtschaftung ist – ebenfalls ein Unterschied zu Hamburg – begrenzt, da sie sich nur auf das Personal außerhalb der Lehrkräfte bezieht. Freiheit erhalten die RBZ hingegen, was Angebote auf dem Fort- und Weiterbildungsmarkt betrifft. In diesem Bereich zu einer Vernetzung von Bildungsträgern zu gelangen, wie es von anderen Ländern (z. B. *Haus des Lernens*, Hessen) praktiziert wird, ist zielführend. Damit wird, insbesondere in Flächenländern, ein Angebot zu lebensbegleitendem Lernen geschaffen, was nicht zuletzt die Lebensqualität in den Regionen erhöht. Über die erzielten Einnahmen aus der Fort- und Weiterbildung verfügt das RBZ selbst. Das positioniert die berufsbildenden Schulen auf Augenhöhe mit privaten Bildungsanbietern.

Im Bereich der Qualitätsentwicklung unterscheidet sich die RBZ-Entwicklung ebenfalls nicht von der in anderen Bundesländern. Die Qualitätsentwicklung, gesteuert über Zielvereinbarungen, die oft mit Schulprogrammen in Verbindung stehen, ist ein nahezu gängiges Verfahren in allen Bundesländern. Was die Qualitätsentwicklung des Lehr-/Lernprozesses betrifft, so werden diese – ebenso wie in den meisten Bundesländern – auf der Grundlage der am Markt gängigen Qualitätsmanagementmodelle (DIN ISO, EFQM, Q2E etc.) evaluiert.

Jedoch, die Personalbewirtschaftung liegt nach wie vor in den Händen der Kultusbürokratie (Marwede, S. 20). Mit anderen Worten: hier endet die Autonomie der RBZ! Das wirft die Frage auf, was denn der Mehrwert einer rechtsfähigen öffentlichen beruflichen Schule ist und ob vorbeschriebene Entwicklungen überhaupt einer *eigenen Rechtsfähigkeit* bedürfen? – Wie bereits gesagt: Nein! Das, was hier auf den Weg gebracht wurde, ist auch ohne rechtliche Selbstständigkeit möglich. Allenfalls stellt die Tätigkeit auf dem Fort- und Weiterbildungsmarkt eine Ausnahme dar, da man mit der rechtlichen Selbstständigkeit in diesem Sektor *unternehmerisch handeln* kann. Beispiele dafür, dass es auch ohne rechtliche Selbstständigkeit geht, zeigen Entwicklungen in Niedersachsen, Hessen und Rheinland-Pfalz.

Zweifellos räumt das seinerzeit in Schleswig-Holstein als Schulversuch gestartete Projekt *Regionale Kompetenzzentren*, das seit 2011 auf alle beruflichen Schulen übertragen wurde, den Schulen einen Handlungsrahmen ein, der es u. a. ermöglicht die Stellenbewirtschaftung so konstruktiv zu nutzen, dass flexibel auf den Lehrkräftearbeitsmarkt reagiert werden kann, um eine entsprechende Unterrichtsversorgung zu gewährleisten. Zu dem zielführenden Wechselspiel zwischen zentraler Steuerung auf der Ebene der Kultusverwaltungen (Ministerium/Schulaufsicht) und dezentraler Steuerung vor Ort (Schulleitungen) benötigt man, auch bei der Stellenbewirtschaftung, keine rechtlich selbstständige Schule, um am Bewerbermarkt zeitnah agieren zu können.

Hessischer Weg zur selbst verantworteten Schule

Hessen eruierte Möglichkeiten zur selbst verantworteten Schule durch einen Modellversuch. Gestartet ist man mit dem Modellprojekt *Selbstverantwortung plus*, das zwischenzeitlich übergeführt wurde in die *Selbständige Berufliche Schule (SBS)* (vgl. Bildungsserver Hessen).

In den Handlungsfeldern *Unterrichts- und Qualitätsentwicklung, Organisation- und Personalentwicklung, Bildungsangebot, regionales Bildungsnetzwerk* sowie *Schulbudget* werden, bis auf das letzte Handlungsfeld *Schulbudget*, die gleichen Ziele verfolgt, die auch in anderen Bundesländern mehr oder weniger auf der *Agenda zur selbstständigen Schule* stehen.

Bei den Finanzen verfolgt Hessen insoweit einen innovativen Weg, dass den Schulen ein Schulbudget zugewiesen wird, das transparent ist und die Personal- und Sachmittel umfasst. Das Personalbudget beinhaltet z. B. auch Vertretungsmittel und Gelder aus nicht besetzten Planstellen, die der Schule als Finanzmasse zugewiesen werden. Über den Einsatz der Mittel entscheidet die Schule eigenverantwortlich, sodass z. B. über Mehrarbeitsvergütung der Unterrichtsausfall reduziert werden kann. Ebenso sind Fördermaßnahmen bis hin zur Doppelbesetzung im Unterricht über dieses Budget finanzierbar.

Diese Selbstverantwortung gibt den Schulen einen Handlungsrahmen, der flexibel, sachangemessen und strategisch schnell zur Wirkung kommt. Somit kann die jeweilige Schule Herausforderungen, die nahezu täglich in einem *Großsystem berufliche Schule* auftreten, schnell begegnen. Man denke hier nur aktuell an den Handlungsbedarf, der sich aus der Beschulung von Migranten ergibt die, sofern sie das 18. Lebensjahr noch nicht erreicht haben, unter die Schulpflichtregelung fallen.

Hinzu tritt die Regelung, dass die Sach- und Personalmittel nach dem derzeitigen Haushaltsrecht gegenseitig deckungsfähig sind. Das eröffnet diverse Möglichkeiten: So kann man mit diesen Geldern z. B. Fortbildung für Lehrkräfte einkaufen und finanzieren. Ebenso können Lernmittel bedarfsgerecht angeschafft werden bzw. es können Rücklagen gebildet werden, um flexibel auf nicht vorhersehbare Anforderungen reagieren zu können. Die Überwachung der *Budgethoheit* erfolgt über gängige Steuerungs- und Controlling-Verfahren.

Ein *Alleinstellungsmerkmal* bei der Budgetierung hat Hessen dadurch, dass sowohl das Landesbudget als auch das Schulträgerbudget komplementär zueinander stehen. So kann das Schulträgerbudget in einem begrenzten Umfang durch Landesmittel verstärkt werden, ebenso wie dieses umgekehrt möglich ist. Dass hierdurch – wenn auch in einem beschränkten Rahmen – die Handlungsflexibilität vor Ort erhöht wird, ist ein weiteres positives Indiz für einen Freiheitsrahmen, der den Schulalltag in den Fokus rückt und nicht Verwaltungsregelungen zur obersten Maxime erklärt. Es wäre zielführend, auf der Ebene der Städte und Landkreise zu Vereinbarungen zu kommen, um die wechselseitige Mittelzuführung generell zu regeln. Das wäre ein erstrebenswertes Ziel auf dem Weg zur *Schulautonomie*.

Eigenverantwortung und Qualitätsmanagement beruflicher Schulen in Rheinland-Pfalz

Der Titel des Schulversuch *Transfer von Eigenverantwortung, Qualitätsmanagement und Lehr- und Lernkultur an berufsbildenden Schulen (EQuL)* in Rheinland-Pfalz zeigt bereits auf, wohin die Reise geht.

Auch hier, wie in anderen Ländern, stand die Qualitätsentwicklung im Fokus. Die leitenden Ziele im Schulversuch waren:

- die Verlagerung pädagogischer, organisatorischer, personeller und finanzieller Verantwortung an die berufsbildenden Schulen,
- die Selbststeuerung der Schule im Rahmen der Führung durch Zielvereinbarung und Einführung geeigneter Steuerungsinstrumente,
- die Entwicklung eines Konzeptes zum Ausbau der Eigenverantwortung an berufsbildenden Schulen.

Eine Konkretisierung der Zielsetzung fand durch die Festlegung der vier Handlungsfelder *Budgetierung*, *Eigenverantwortliche Schule* (EVS), *Qualitätsmanagement* (QM) sowie *Lehr- und Lernkultur* (LLK) statt. In den vier Handlungsfeldern wurden Arbeitsbereiche definiert, die von den Schulen, unter Berücksichtigung einer ganzheitlichen Schulentwicklung, erprobt wurden.

Als Fazit des Schulversuchs ist festzuhalten, dass insbesondere die Zuteilung von Budgetierungsmitteln sich als Motor der Schulentwicklungsarbeit herausgestellt hat. Die EQuL-Schulen konnten hierüber ihre Personalversorgung und Personalentwicklung steuern, spezifische pädagogische Schwerpunkte zur Steigerung der Unterrichtsqualität setzen und somit ihr Profil schärfen – auch im Hinblick auf die Öffentlichkeitsarbeit.
Die Übernahme von mehr Eigenverantwortung führte zu einer Veränderung der innerschulischen Organisationsstrukturen mit Folgen für das Führungsverständnis. Es veränderten sich die Kommunikationswege in den Kollegien sowie zwischen diesen und der Schulleitung. Die Delegation der Verantwortung auf die Lehrkräfte förderte die Bildung von Teams sowie einen vermehrten Austausch und eine bessere Zusammenarbeit in den Kollegien. Die Arbeitszu-

friedenheit und die Motivation in den Kollegien nahmen durch die übertragene Verantwortung signifikant zu.

Das begünstigte auch Veränderungen in der Lehr-/Lernkultur, so z. B. die Umsetzung pädagogischer Konzepte zur Kompetenzförderung durch eine Vernetzung der kollegialen Zusammenarbeit durch Lehrkräfteteams mit einer gemeinsamen Verantwortung für den Lernprozess.

Zur Steuerung innerschulischer Prozesse erwies sich das – nach einem Auswahlprozess – eingeführte Managementsystem *Qualitätsmanagement an berufsbildenden Schulen* (QmbS) als zielführend, da es eine ganzheitliche Schulentwicklung in den Blick nimmt, eine unterrichtsnahe Ableitung von Zielen erlaubt, Verbesserungspotenziale aufdeckt und für Transparenz sorgt. Das Managementsystem wirkte sich fördernd auf das Handlungsfeld *Budgetierung* aus, da der dort eingeschlagene Weg, die *Freiheit der schulischen Handlungsmöglichkeiten und die Verantwortung des Schulleitungspersonal* zu erweitern, von der Struktur des QmbS-Systems profitierte.

Trotz dieser positiven, die Schulentwicklung nachhaltig verändernden Impulse, die in den beteiligten Schulen sichtbar waren, stellte sich die Haushaltsabteilung im Ministerium als eine große, zu überwindende Hürde dar. Erstmals galt es, die Haushaltsstrukturen gegenüber den Schulen offenzulegen. Damit einher ging ein Machtverlust. Erstmals musste man nicht nur den Einblick in den Haushalt zulassen, sondern es galt auch, sich der Diskussion sowohl in der Arbeitsgruppe als auch gegenüber der einzelnen Schule zu stellen.

Wer jemals in einer Kultusbürokratie Verhandlungen mit der Haushaltsabteilung geführt hat, dem ist klar, dass es einer Fülle an Argumenten bedarf, um einen Haushälter aus der Reserve zu locken.

Eher geht ein Kamel durch ein Nadelöhr, als dass ein Haushälter Mittel freigibt, über die die Schule eigenverantwortlich entscheiden kann. Auch wenn dieses in enger Abstimmung mit dem Haushaltsreferat erfolgte, das über Controlling-Verfahren jederzeit den Überblick hatte, und die Finanzströme an den Schulen transparent und unmittelbar zu verfolgen waren, bedurfte es eines gerüttelten Maßes an Vertrauensarbeit, um die Budgetkompetenz – wie nachfolgend skizziert – als Schule zu erhalten.

Handlungsfeld Budgetierung

Die Ergebnisse im Handlungsfeld *Budgetierung* belegen, wie sehr sich diese in allen Bereichen der Organisations-, Personal- und Unterrichtsentwicklung als treibender Motor und entscheidender Faktor für die Schulentwicklung herausgestellt hat.

Hierzu ein Blick auf die Budgetstruktur, die sich in ein *B-Budget* und ein *C-Budget* aufteilt:
Das Gesamtbudget begründete sich aus den kapitalisierten Stunden multipliziert mit den Kosten einer Jahreswochenstunde einer Lehrkraft. Der kalkulatorische Stundensatz, basierend auf den Vorgaben der Haushaltsabteilung, belief sich 2013 auf 2.650 € je Unterrichtsstunde. Grundlage der Berechnung war die Soll-Ist-Differenz, die sich aus dem Soll-Stundenbedarf der Unterrichtsversorgung und dem tatsächlichen Ist der Schule ergab. Grundlage der Werte war die Schulstatistik des jeweiligen Schuljahres. Weist z. B. die Statistik eine Unterversorgung von 120 Stunden aus, so wird dieser Wert mit einem vorher mit der Haushaltsabteilung festgelegten *Kapitalisierungsfaktor* – im vorliegenden Fall 30 Prozent – multipliziert. Hieraus ergeben sich 36 *zu kapitalisierende Unterrichtsstunden.*

Diese mit der Stundenpauschale multipliziert führen zu einem *Budgetrahmen* von 95.400 €. Auf der Grundlage dieser transparenten Daten ist jede Schule in der Lage, ihren Budgetrahmen eigenverantwortlich auszurechnen.

Struktur der Berechnung des Budgets:

Soll/Ist Differenz	Kapitalisierungsfaktor	Kapitalisierte Wochenstunden	Stundensatz	Budgetrahmen B und C	B-Budget 90 %	C-Budget 10 %
120 Std.	30 %	36	2650 €	95.400 €	85860 €	9540 €

Dieser Wert wird zu 90 Prozent in das B-Budget überführt, das ein Instrument zur Steuerung der Personalversorgung ist. Die Mittel können für befristete Verträge, Krankheitsvertretungen, längerfristige Ausfälle oder zur Mehrarbeitsvergütung verwandt werden.

Durch die Entscheidungsnähe vor Ort erfolgte ein gezielterer Einsatz der verfügbaren Ressourcen an der budgetierten Schule. Damit bietet sich der Schule z. B. die Möglichkeit, flexibel auf schwankende Schülerzahlen zu reagieren. Auf notwendige Veränderungen bei der Klassenbildung kann flexibel reagiert werden. Die Eigenverantwortung, bedarfsgerecht Einstellungen von Lehrkräften vornehmen zu können, um Personallücken zu schießen, reduzierte an den Schulen den Unterrichtsausfall um bis zu 50 Prozent. Die hierdurch eingetretene Entlastung bei den zu leistenden Vertretungsstunden, führte erkennbar zu einer höheren Motivation, Einsatzbereitschaft und Arbeitszufriedenheit bei den Stammlehrkräften an den EQuL-Schulen, was sich wiederum positiv auf die Unterrichtsqualität auswirkte.

Das C-Budget steht den Schulen zur Qualitätssicherung der Lehrkräfte und deren Professionalität zur Verfügung. Ebenso können Schülerprojekte sowie Kooperationen mit externen Partnern realisiert und damit finanziert werden. Die Möglichkeit der Finanzierung von Personalentwicklungsmaßnahmen in Form von Fortbildungen über das C-Budget und deren bedarfsgerechte und zeitnahe Umsetzung, trug wesentlich zur Zufriedenheit der Lehrkräfte und zu deren fachlicher und pädagogischer Kompetenz bei. Auch kann durch die zur Verfügung stehenden Mittel Expertenwissen eingekauft werden. Der innerschulische Prozess der Veränderung der Lehr-/Lernkultur führte bei den Lernenden zu einer Steigerung der Motivation und ihrer fachlichen sowie außerfachlichen Kompetenzen.

Die EQuL-Schulen zeigten einen verantwortungsvollen und zielgerichteten Umgang mit den zur Verfügung gestellten Ressourcen. Das standardisierte Dokumentationswesen führte in allen Modellversuchsphasen dazu, dass in beiden Budgetformen alle Finanzentwicklungen dokumentiert und damit nachvollziehbar waren. Die zugrunde gelegte Kapitalisierungsfunktion schuf für die EQuL-Schulen ein einfaches Steuerungsinstrument zur Schulentwicklung. Die mit diesen Prozessen einhergehende schulische Selbstständigkeit führte zu einer neuen Schulkultur, auch in der Über- und Unterordnung sowie dem veränderten Rollenverständnis zwischen Kultusverwaltung, Schulaufsicht und Schule.
Das C-Budget schuf auch die Möglichkeit, unter professioneller Anleitung eine interne Evaluation durchzuführen. Im Sinn einer lernenden Organisation wurden hierdurch die Schulentwicklungsarbeit sowie die EQuL-Ziele einer Prüfung unterzogen. Hieraus ergab sich ein entsprechendes Dokumentationswesen (Zielvereinbarung), was in der Schule eine kontinuierliche Anpassung bewirkte.

Personalentwicklungsmaßnahmen in den Schulen führten zum Aufbau von Teamstrukturen. Die Managementkompetenzen im Bereich der Personalführung nahmen deutlich zu und stärkten die Eigenverantwortung der Schulen. Es wurde eine Feedback-Kultur in den Kollegien etabliert, ebenso wie Möglichkeiten zur Supervision geschaffen wurden. Mit diesen Maßnahmen wurde die schulische Qualitätsentwicklung gefördert, was sowohl Auswirkungen auf das schulische Handeln hatte als auch dafür sorgte, dass die Schulen mit einem neuen Selbstverständnis gegenüber Dritten aufwarteten. Dieses führte innerhalb der Kultusbürokratie (Ministerium/Schulaufsicht) zu der Notwendigkeit, bisherige Rollen zu überdenken und sich zu einem neuen Rollenverständnis hinzubewegen. Ferner trugen die eigenständige Stellenbewirtschaftung und die bessere Unterrichtsversorgung durch das B-Budget sowie die Lehrkräfteprofessionalisierung durch das C-Budget positiv zum Schulprofil an den Standorten bei. Letzteres führte zu einem veränderten Selbstbewusstsein gegenüber den Betrieben und in der Außendarstellung der Schule gegenüber der Öffentlichkeit.

Dennoch darf nicht verkannt werden, dass ein Zuwachs an Selbstständigkeit, die finanzielle und personale Verantwortung für die Schulen und die sich hieraus ergebenden neuen Herausforderungen für das Leitungspersonal eine große Herausforderung darstellen. Das erfordert eine andere Sicht bezogen auf die Aufgaben des Schulleitungspersonals, dessen Professionalisierung und die *Bewertung der Arbeit*. Auch ist zu klären, wie die flexible Mittelverteilung der B- und C-Budgets zu realisieren ist. Ebenso bedarf die Frage der Beantwortung, wie mit den Mehrbelastungen in der Verwaltung umzugehen ist. Bezogen auf das Gesamtsystem *Budgetierung* bedarf es auch der Bereitstellung von *Personalverwaltungs-* und *Budgetverwaltungssystemen*, die dieser veränderten Schulkultur entsprechen und gewährleisten, dass die anfallenden Arbeiten effektiv, transparent und zeitnah erledigt werden können.

Abgeleitet hieraus und zur Fundierung der erzielten positiven Wirkungen, insbesondere bezogen auf die Budgetierung, sind aus Sicht der an EQuL teilnehmenden Schulen folgende Entwicklungen notwendig und zeitnah umzusetzen:

- Fortführung und Ausweitung der Budgetierung auf alle öffentlichen berufsbildenden Schulen,
- Festschreibung eines standardisierten Budgetierungsverfahrens mit dem Ziel, im Rahmen der rechtlichen und bildungspolitischen Vorgaben eigenverantwortlich über ein Budget zu verfügen,
- Zuweisung des gesamten Finanzrahmens, orientiert an festgelegten und transparenten Kriterien,
- Überprüfung der Budgetstruktur (Rechnungslegung) und flexiblere Handhabung in Eigenverantwortung der Schule,
- Professionalisierung der Verwaltungsstrukturen durch die beteiligten Institutionen,
- Ausbau des EQuL-Portals (Kapitalisierung der Lehrerwochenstunden) zur Sicherung einer nachvollziehbaren und transparenten Budgetverwaltung mit dem Ziel einer übersichtlichen und verfahrensoptimierten Dokumentation der Maßnahmen,
- Abrechnungssicherheit durch transparente Verfahren,
- Zusammenführung des EQuL-Budgets und des Sachmittelbudgets des Schulträgers bei gegenseitiger Deckungsfähigkeit.

Zwischenbilanz zu EQuL

Betrachtet man die Empfehlungen zu dem Handlungsfeld *Budgetierung*, so decken sich diese, z. B. was die Zusammenführung der Budgets des Landes und der des Schulträgers betrifft, mit den Forderungen, die sich auch bei den SBS-Schulen in Hessen ergaben.

Der *Schulversuch EQuL* zeigte auch auf, dass es keiner rechtlichen Selbstständigkeit von Schule bedarf, um Entwicklungen – hier auf die Budgetierung bezogen – umzusetzen (vgl. Abschlussbericht *Schulversuch EQuL*).

Eine seinerzeitige wesentliche Überlegung bei der Implementierung des Schulversuches bestand darin sicherzustellen, dass eine größtmögliche Beteiligung und damit Mitwirkung von relevanten Personen bzw. Personengruppen gegeben war. Zu der Teilnahme an dem Schulversuch konnten sich die Schulen bewerben, ein Verfahren, das auch Hessen gewählt hat. Damit war die Freiwilligkeit der Teilnahme sichergestellt. Das setzte auch voraus, dass die Bewerbung vorher in den schulischen Gremien erörtert werden musste. Erst durch einen von dem gesamten Kollegium getragenen Konferenzbeschluss, wurde der Schulversuch an der jeweiligen Schule genehmigt. Dieser Schritt gewährleistete, dass die weitreichenden Auswirkungen auf den Schulalltag von dem Kollegium mitgetragen wurden.

Da Rheinland-Pfalz über ein *Pädagogisches Landesinstitut* verfügt, wurde hier eine Geschäftsstelle eingerichtet. Diese wurde mit der Gesamtkoordination beauftragt. Das Ministerium und die Schulaufsicht traten in die zweite Reihe der Entscheidungsträger zurück. Dieser Schritt war insoweit zielführend, da die Kultusadministration sowie die nachgeordnete Schulaufsicht nicht als *gedanklicher Bremser* bei der inhaltlichen, organisatorischen und rechtlichen Entwicklung des Modellversuchs fungierten, was sich als sehr konstruktiv herausgestellt hat. Die inhaltlichen Festlegungen sowie die eigenverantwortlichen Entwicklungen fanden in den Projektteams statt. Es gab Projektteams zu jedem Handlungsfeld. Die Leitung der Projektteams übernahmen teilweise Schulleiter oder auch Mitarbeiter des Landesinstituts. Lediglich im Teilprojekt *Rechtsrahmen* lag die Leitung im Ministerium, weil hier die erforderliche Fachkompetenz gegeben war. Eine Vorgabe für diese Arbeitsgruppe war das *Leitziel*, einen *rechtlichen Ermöglichungsrahmen und keinen rechtlichen Regelungsrahmen* zu erarbeiten, eine Vorgabe, die sich als sehr dienlich herausstellte. Da es politisch nicht durchsetzbar gewesen wäre, den Weg von Schleswig-Holstein einzuschlagen, galt es, im Rahmen der schulgesetzlichen Regelungen einen Gestaltungsrahmen zu entwickeln, der den Schulen – vor dem Hintergrund ihres Bewerbungsprofils – den größtmöglichen Gestaltungsraum eröffnete.

Neben der Geschäftsstelle, die federführend für die administrative Abwicklung war, existierte ein Leitungsteam, welches sich aus der Projektleitung, den Teamleitungen der Teilprojekte, der Geschäftsstelle, fallweise den Fachreferaten des Ministeriums, Vertretern der Schulaufsicht (Aufsichts- und Dienstleistungsdirektion) und der wissenschaftlichen Begleitung (Johannes Gutenberg Universität, Mainz) zusammensetzte. Die Tätigkeit der Steuerungsgruppe wurde auf *Zuruf* des Leitungsteams bei Bedarf durch das Ministerium, die Schulaufsicht, die Agentur für Qualitätssicherung (AQS) und das Zentrum für Schulleitung und Personalführung (ZfS) unterstützt.

Analog zu den Strukturen des HIBB, wo im Kuratorium die Teilnahme der Schulleitung vorgesehen ist, gelang es bei EQuL ebenfalls, die Entwicklungsschritte im Einvernehmen mit der vor Ort tätigen Schulleitung zu erarbeiten. Dieses geschah in einem umfassenden Dialog, der stets um Konsens bei den Entwicklungsschritten bemüht war. Meine langjährige Erfahrungen als Schulleiter einer bereits zu Beginn der 90er-Jahre in die Budgetierung überführte Berufsschule war hierbei hilfreich.

Es war unter anderem ein Ziel, den Schulen einen umfassenden operativen Rahmen zu eröffnen. Das sich hieraus ergebende Tätigkeitsfeld beinhaltet die Möglichkeit situationsbezogen, zeitnah, effektiv und unter Beachtung der bildungspolitischen Rahmenvorgaben zu handeln. In Erfüllung des Bildungsauftrages beruflicher Schulen, kann jede Schule vor Ort und unter Berücksichtigung der jeweiligen Rahmenbedingungen tätig werden.

Der Schulversuch ist mittlerweile beendet. Die in dem Versuch gesammelten Erfahrungen sind zwischenzeitlich in einer Verwaltungsvorschrift (vgl. VV des MBWWK vom 22.07.2015) fixiert, die für alle berufsbildenden Schulen Gültigkeit hat, die über ein Antragsverfahren an das zuständige Ministerium das Interesse bekunden, zukünftig als EQuL-Schulen arbeiten zu wollen. Beginnend in der Startphase des Schulversuchs mit 11 berufsbildenden Schulen, sind mittlerweile 26 von rund 60 berufsbildenden Schulen EQuL-Schulen.

Diese positive Entwicklung in Rheinland-Pfalz, die auf der Grundlage der Freiwilligkeit Schulen zu Selbstständigkeit in einem selbst verantworteten Rahmen unter einer Globalsteuerung motiviert, ist ein zielführender Weg, den auch Hessen praktiziert. Doch die weitgehende Budgetierungsregelung, die Rheinland-Pfalz im Vergleich zu den mir bekannten Entwicklungen in den anderen Bundesländern hat, ist ein *Alleinstellungsmerkmal*.

Die nicht nur am Teilziel *Budgetierung* belegbare Veränderung der Schulkultur insgesamt zeigt auf, welches Entwicklungspotenzial zutage tritt, wenn man Schulen gewähren lässt, ihnen Vertrauen entgegenbringt und nicht als Bedenkenträger der Auffassung ist, Schule bedürfe der Überwachung. Andererseits besteht die Befürchtung fort, dass noch so erfolgreiche Innovationen in *Schule* durch einen Federstrich der politischen Leitung zunichtegemacht werden können, zumal in Zeiten knapper Kassen.

Es bleibt zu hoffen, dass die Rollenveränderung (der sich die Schulaufsicht unterziehen musste), die *geteilte Macht der Haushälter* (durch die notwendige Transparenz der Mittelzuweisungen) und die veränderte *Machtkonstellation mit einem Zuwachs bei den Schullei-tungen* nicht zu einem *Rollback* bei der Schulentwicklung führt. Auch ist das Problem nicht von der Hand zu weisen, dass die Fi-nanzmittel, die den Schulen zur Verfügung stehen, durch die Über-tragbarkeit in ein weiteres Haushaltsjahr und die wechselseitige De-ckungsfähigkeit, eine Größenordnung annehmen können, die Begehr-lichkeiten bei den Haushältern wecken dürfte. Es besteht die Gefahr, dass diese Gelder *als nicht verausgabte Mittel* in den Haushalt rück-geführt werden, um anderweitig Finanzlücken zu schließen.

Mit Träumen beginnt die Realität

Die Entwicklung in Rheinland-Pfalz zeigt, dass mit einem Traum zur Veränderung von *Schule*, ein realer Prozess der Entwicklung eingeleitet wurde. Optimistisch ist davon auszugehen, das ein Qua-litätsmanagement, das mit diesem Modellversuch breit in die Be-rufsschulen implementiert wurde, seine Wirkung entfaltet die, wie zu hoffen ist, unumkehrbar sein wird.
Vergleichbar einem Katalysator, der bekanntlich dazu dient, die Reaktionsgeschwindigkeit einer chemischen Reaktion zu erhöhen und dabei die Aktivierungsenergie zu senken, um nicht selbst ver-braucht zu werden, sind auch Prozesse der Schulentwicklung zu betrachten. In der Tat benötigt Schulentwicklung einen Katalysa-tor – immer höher, immer schneller, immer weiter, kann nicht die Devise sein.
Oft klafft zwischen Wunsch und Wirklichkeit eine große Lücke. Das Politikerwort in einer Diskussion lässt sich nicht immer in Ein-klang bringen, wenn es intern um die Haushaltsaufstellung z. B. für Lehrerstellen, Stütz- und Förderkonzept, die Senkung der Klassen-höchstzahl oder die Mittelzuweisung für Schulsozialarbeit geht, um

nur einige Aspekte zu nennen. Qualitätsarbeit in Schulen ist nicht zum Nulltarif erhältlich, denn ein defekter Katalysator – um im Beispiel zu bleiben – steuert nicht die Aktivierungsenergie, sondern lässt den Prozess der Schulentwicklung zu einem Rinnsal vorkommen, ein Rinnsal mit Alibicharakter, getreu dem Motto *Wir tun was, aber keiner weiß, wo die Reise hingeht.*

Was Bildung stets beflügelt hat, ist das Engagement der vielen qualifizierten und motivierten Pädagoginnen und Pädagogen, die ihren Dienst im Interesse der nachwachsenden Generation verantwortlich und qualifiziert verrichten. Keine Einrichtung verfügt über ein so hoch qualifiziertes Personal wie es an Schulen vorhanden ist. Diese Ressource *Lehrkräfte* zu pflegen, zu achten, ihr mit Wertschätzung zu begegnen und Möglichkeiten der Entfaltung zu eröffnen ist eine Form der Schulentwicklung, die dieser Bildungseinrichtung entspricht. Deshalb bleibt zu hoffen, dass die so weiterentwickelte Berufsschule mit Selbstbewusstsein nach innen und nach außen agiert, solidarisches Handeln die Schule prägt und Dritten gegenüber mit der Identität als profilierter beruflicher Lernort begegnet, der sich gegen rückwärtsgewandte Entwicklungen zu wehren weiß.

12. Schlussbetrachtung

Vergegenwärtigt man sich abschließend nochmals den Spannungsbogen, der sich zwischen den bildungspolitischen (Gedanken-) Splittern, der Überlegung zu einer bildungsbegrifflichen Ortsbestimmung und den hieraus abgeleiteten Überlegungen zur beruflichen Bildung ergibt, so hat dieses Bildungssystem mit seiner Vielfalt der Angebote ein Alleinstellungsmerkmal in der Bildungslandschaft.

Diesem gerecht zu werden, bedarf innovativer Überlegungen, die darüber hinaus nachhaltig sind und den Blick auf das richten, was Schule ausmacht: Bildung für diejenigen bereitzustellen, die dieser bedürfen, sie nachfragen und im positiven Sinn schätzen. Hierbei ist die Berufsschule als Lernort oft der letzte Ort, der Jugendlichen als Schule gegenübertritt. Ein Ort, an dem Abschlüsse nachgeholt und erworben werden können. Ein Lernort, der in seiner Verfasstheit als einer der letzten schulischen Sozialisationsmöglichkeiten angesehen werden kann. Danach gibt es nur den freien Markt der Bildungsanbieter.

Vor diesem Hintergrund wächst der Berufsschule eine besondere Verantwortung zu. Sie kann nicht abschieben, muss alle Jugendlichen annehmen – zumindest was die Erfüllung der Schul- und Berufsschulpflicht betrifft. Hierauf gilt es dann, wie mit den dargestellten Qualifizierungskonzepten belegt, den Bildungsprozess auszurichten, da ein *Umtausch, ein Abschieben von Jugendlichen* für die Berufsschule, nach meiner Kenntnis, nie ein gangbarer Weg war. Von jeher wurde versucht, mit schüleradäquaten Lehr- und Lernformen Wege zu beschreiten, die zur Mündigkeit und zur beruflichen Handlungskompetenz (Selbst-, Sach- und Sozialkompetenz) führten.

Der Spannungsbogen, der zwischen *Bildungsträumen* und *Bildungs-realität* liegt, kann ein elastischer sein wenn, wie hier gezeigt, Schulentwicklung ermöglicht, gestützt und gestärkt wird. Schulen in die Freiheit zu entlassen, eine verantwortete Freiheit in Schule zu leben und erlebbar zu machen ist zielführender, als Schulreformen einzuleiten, die unter Umständen mehr blockieren, als befördern.

Dass diese Freiheit einer emanzipierten Haltung bedarf, soll hierbei nicht aus dem Blick geraten. Freiheit in Verantwortung ist das, was Schule zu leben, nach außen zu vertreten, im Inneren zu praktizieren und gegenüber der Schulaufsicht zu verantworten hat.

Deshalb abschließend einige Überlegungen und Anmerkungen, die als Handlungsperspektiven einer Schulentwicklung anzusehen sind: Die Dynamik, die dem beruflichen Qualifizierungssystem innewohnt, ist sowohl durch die Nähe zur Berufswirklichkeit aber auch durch den schulischen Blickwinkel geprägt. Folglich ist diese Schulform nicht nur *innen* sondern in hohem Maß nach *außen* orientiert. Sie hat ein *berufliches Ethos*, das nicht nur eine *Standpunktsicherheit*, sondern auch eine *Standpunktfestigkeit* umfasst. Wäre dieses nicht der Fall, so würden die unterschiedlichen Ansprüche, die von vielen Seiten (Kammern, Innungen, Klein-, Mittel und Großbetriebe, Ausbilder, Eltern etc.) an die berufsbildenden Schulen herangetragen werden, das System ins Trudeln bringen. Dass hierzu eine *Leitungskultur* notwendig ist, die sowohl fachlich, pädagogisch aber auch schulorganisatorisch den Aufgaben gewachsen ist, stellt eine Voraussetzung dar, die zu stärken und weiter zu entwickeln ist. Hierzu bedarf es kontinuierlicher Qualifizierungsmaßnahmen.

Die schulische Selbstständigkeit erfordert auch eine *Neudefinition von Schulleitung*. Die Schulleitung als Managementaufgabe, erfordert erweiterte Kompetenzen und ein Innovationspotenzial, das zweifellos eine gewisse Halbwertzeit hat. Aus diesem Blickwinkel und im Interesse der Personalfürsorge wäre zu überlegen, die Schulleitungstätigkeit zeitlich zu befristet und mit einer entsprechenden Zulagenregelung zu vergüten, die auch ihren Niederschlag in der Bemessung der Pension findet. Damit wäre ein Anreiz gegeben, qualifiziertes Personal gewinnen und einen Wandel zu begünstigen. Es ist nicht von der Hand zu weisen, dass bei einer Schulleitungstätigkeit, z. B. über 15 Jahre, das *Innovationspotenzial* ab und die *Müdigkeit* im Sinne von *Ausgebranntsein* zunimmt.

Wie ausgeführt richten sich berufliche Schulen permanent an neuen Entwicklungen sowohl wirtschaftlicher als auch gesellschaftlicher Art aus. Kontinuierlich findet eine Anpassung bzw. Überarbeitung von schulischen Rahmenlehrplänen, orientiert an den Ausbildungsordnungen statt. Die Lehrtätigkeit obliegt einer Dynamik, in der die fachliche Qualifizierung angepasst und weiterentwickelt werden muss. Vor diesem Hintergrund ist eine Einbindung der beruflichen Schulen in einen schulischen Ordnungsrahmen nicht zielführend, da das Entwicklungspotenzial eines Systems, das überwiegend aus akademisch gebildeten und beruflich sozialisierten Fachkräften besteht, in die Freiheit entlassen werden sollte. Die Befürchtung, dass diese Freiheit nicht verantwortungsvoll wahrgenommen wird, ist aus meiner Sicht unbegründet. Ich habe noch keine Organisation erlebt, die ihren Verantwortungsrahmen nicht so zielführend, effektiv und unter ökonomischen Gesichtspunkten ausgefüllt hat, dass keine Zufriedenheit nach innen, von außen und bezogen auf die Abnehmer gegeben war.
Die mehr oder weniger mutigen Schritte vonseiten der Bildungspolitik, beruflichen Schulen eine Selbstständigkeit zu gewähren, sollten forciert werden. Letztlich stellen die rechtlichen Vorgaben der Schulgesetze für die Schulaufsicht einen Rahmen dar, an dem

sich *Schule* zu orientieren hat. Hierauf orientierte schulische Leitbilder, ein Kontraktmanagement über Zielvereinbarungen, geeignete Qualitätssicherungssysteme und ein schulangemessenes Controlling sichern ab, dass die gegebene Freiheit verantwortet wahrgenommen wird. Damit ist auch zu gewährleisten, dass ein vergleichbares Bildungsangebot in den Regionen existiert, das die Chancengleichheit wahrt und in dem Qualitätsstandards eingehalten werden.

Ergänzt um das notwendige Element der Ressourcenverfügbarkeit (Budgetierung) die auf der Grundlage einer Kosten- und Leistungsrechnung basiert, würden betriebswirtschaftliche Überlegungen auch ein leitendes Moment in der Schulentwicklung darstellen können, da bildungsökonomische Überlegungen für die Schule kein Tabuthema sein sollten. Die verkrusteten Strukturen einer *Kameralistik* mit ihrem *eindimensionalen Einnahme- und Ausgaberitual* würden dann der Vergangenheit angehören.

Eine Dynamisierung wäre auch beim Lehrkräfteeinsatz denkbar. Warum müssen berufliche Schulen, die als dualer Lernort agieren, Ferienregelungen und anderen Abläufen wie an allgemeinbildenden Schulen unterworfen sein? Würde man die berufsbildenden Schulen in einen Ganzjahresbetrieb überführen, könnte man viel flexibler auf betriebliche Anforderungen reagieren. Phasenbezogener Unterricht (z. B. Blockunterricht) wäre besser zu planen und auf betriebliche Ausbildungswünsche auszurichten. Der Einsatz der Lehrkräfte wäre über ein Jahresarbeitszeitkonto zu regeln, mit den üblichen Ferienzeiten – angepasst an den öffentlichen Dienst.

Vielleicht würde dieser Schritt zu einer Arbeitszeitbewertung der Tätigkeit der Lehrkräfte führen, die seit Jahrzehnten diskutiert wird, bisher jedoch nie zu einem realistischen Vorschlag geführt hat. In einer so ausgerichteten Flexibilisierung sehe ich eine zielführende Möglichkeit, Berufsschule am Aus-, Fort- und Weiterbildungsmarkt als *Haus des Lernens* zu etablieren und damit zu verankern (vgl.

GEW-Zeitung Rheinland-Pfalz, 3 – 4, 2002).

Dass berufliche Schulen hier ihre Kompetenz in die Waagschale werfen können und auch sollten, ist einfach zu erklären. Berufliche Schulen sind in der Regel Schulsysteme mit einem umfassenden beruflichen und allgemeinbildenden Bildungsangebot. Es ist diejenige Schule, die von Jugendlichen und jungen Erwachsenen in der Regel zum letzten Mal besucht wird. Allein aus dieser Tatsache ergibt sich eine Verpflichtung, die unter anderem darin besteht, diejenigen Qualifikationen zu vermitteln, die eine zukunftsorientierte berufliche Entwicklung begünstigen.

Darüber hinaus handelt es sich um Schulsysteme, die in ihrer Größenordnung keinen Vergleich zu anderen Schulsystemen zulassen. Nun ist Größe kein Alleinstellungsmerkmal. Dennoch, bei einer Verweildauer der Schülerpopulation von maximal 3 – 3,5 Jahren (Duales System) und einer Gesamtschülerzahl, die in der Regel mindestens 1.800 SchülerInnen umfasst, entsteht ein erheblicher Organisations- und Planungsaufwand, der einen Vergleich mit dem allgemeinbildenden Schulwesen nicht zu scheuen hat. Jährlich verlässt ein Drittel aller Schüler die Schule mit dem begleitenden Verwaltungsaufwand (Prüfungen, Abschlusszeugnisse, Bescheinigungen, Kammerprüfungen, Ausschulung, Statistik etc.). Ein noch höherer Aufwand fällt bei der Einschulung an (Datenerfassung, Schülerausweise, Schulinformation, Beratung etc.). Über die hierfür erforderliche Professionalität verfügen weder öffentliche noch private Bildungsträger.

Folglich kann ein so am Bildungsmarkt agierendes Schulsystem nicht mit dem Maß des allgemeinbildenden Schulsystems gemessen werden. Andere Strukturen der Führung, Organisation, Verwaltung, Aufsicht und des Controllings sind erforderlich, kurzum: es bedarf der *Selbstständigkeit in einem verantworteten Rahmen.*

Eine *verantwortete Freiheit* würde sich wohltuend auf das System auswirken. Zweifellos setzt dieses eine andere Leitungskultur voraus. Es bedürfte eines Leitungspersonals, das diesen Aufgaben gewachsen ist, die Bereitschaft erklärt, diese Aufgaben anzunehmen, zu übernehmen und gestaltend tätig zu werden. Wenn dann noch die Möglichkeit gegeben ist, die *Schulleitungsaufgaben* durch Hinzuziehung von Mitarbeitern für Verwaltungstätigkeiten (siehe Hessen/Schleswig-Holstein) zu unterstützen und die Schulleitung von diesen Tätigkeiten freizustellen, dann könnte auch die gesamte Verwaltung der *Liegenschaft Schule* innerschulisch wahrgenommen werden.

Mit der Übernahme des Gebäudemanagements entfielen die mühseligen Verhandlungen zwischen Schulträger und den dortigen Bauämtern. Dieses könnte dazu führen, dass die innere Schulgestaltung – trotz notwendiger Akzeptanz der Schulgebäude, die selten zweckmäßig sind – so ist, dass die Lernatmosphäre durch helle und farblich lernförderliche Gestaltung begünstigt wird. Ergänzt durch gut gestaltete, gepflegte Sozialräume (Kantine, Aufenthaltsräume, Bibliothek etc.) würde *Schule* als zeitlich determinierter Lebens- und Arbeitsraum verstanden und angenommen werden können. Ein Schritt, der sich sicherlich nicht unerheblich und positiv auf die Reinlichkeit und auf die ordnungsgemäße Nutzung der räumlichen und sächlichen Ausstattung auswirken würde. Die häufig an Schulen auftretende Missachtung der Einrichtungs- und Liegenschaftsgegenstände würde sich grundlegend – so meine Erfahrung – verändern.

Verändern Träume die Realität?

Dass diese Realität jemals Platz greift, in der schulischen Wirklichkeit, mag eine Utopie sein, doch der Versuch dieses in die Wirklichkeit umzusetzen wäre lohnenswert. Mir ist bewusst, dass die Verwaltungsstrukturen der Schulträger sowie der Gegenwind, der vonseiten der Kultusverwaltungen und der Schulaufsicht einem solchen Konzept entgegen wehen würde, eine Realisierung sehr erschweren. Wer gibt schon gerne Macht ab, auch wenn klar sein dürfte, wie viel Ohnmacht mit der scheinbaren Macht verbunden ist und welche Freiheit bezogen auf Handlungsmöglichkeiten auf allen Ebenen denkbar wäre, wenn ein wie zuvor beschriebenes Entwicklungskonzept umgesetzt würde.

Wenn ich zu Beginn deutlich gemacht habe, dass ein *Acker, der immer umgepflügt wird, keine Ernte erbringt*, so könnten doch auf Dauer angelegte offene Strukturen hier und da blühende Landschaften an Schulen entstehen lassen. Wenn hierzu noch Mut und Wille zur Veränderung sowie Motivation in den Kollegien und Schulleitungen ein *Feuer der Gestaltung* entfachen, dann könnte sich die Bildungslandschaft durch die Dynamik, die an beruflichen Schulen ohnehin gegeben ist, nennenswert im Interesse der Jugendlichen verändern. Damit könnte sich *Schule* als Kompetenzzentrum in Regionen und Städten als *Haus des Lernens* profilieren und einen Beitrag leisten, um in der Wissensgesellschaft auch wohnortnah eine Möglichkeit des lebenslangen Lernens zu schaffen. Ob Politiker an die hier skizzierten Möglichkeiten dachten, als sie von einem *Ruck, der durch die Bildung gehen sollte* (Herzog) sprachen oder den *Aufstieg durch Bildung – Qualifizierungsinitiative für Deutschland* (Schavan) propagierten, ist dem Verfasser nicht bekannt, ebenso wenig wie die Bedeutung der Aussage *bei Bildung bleibe noch was zu tun* (Wanka). Vielleicht wären diese Gedanken es wert aufgegriffen und damit befördert zu werden.

Dass innovative Konzepte nicht nur durch curriculare Neuerungen, sondern auch durch schulorganisatorische und schulgesetzliche Veränderungen nachhaltig in *Schule* implementiert werden können, zeigt z. B. das Lernbausteinkonzept. Durch die Anpassung der Lehrpläne, unter anderem mit der Zielsetzung, Jugendlichen Wege zur Höherqualifizierung zu eröffnen, wurden die Inhalte der Fächer so strukturiert, dass die allgemeinbildenden Fächer in ein Modul- bzw. Kurssystem überführt wurden (vgl. Berufsbildende Schule – Rheinland-Pfalz, Strukturkonzept 1, S. 9), die sich an Abschlüssen (Sekundarabschluss I, Fachhochschul-, Hochschulreife), die schulformübergreifend angeboten werden, orientieren. Durch die Anrechnung von Vorleistungen ergeben sich Synergieeffekte, der Lernende wird dort abgeholt wo er steht, es kommt zu keiner Wiederholung von Unterrichtsinhalten, sodass Lernschleifen vermieden werden. Das kommt der Lebenszeit desjenigen zugute, der Bildung nachfragt.

Dort, wo Schule die Verfügungsgewalt über den Bildungs- und Qualifizierungsprozess hat, sind modulare Strukturen auch vor dem Hintergrund passgenauer Angebote in der Fortbildung zielführend. Diesen Weg geht die Fachschule in Rheinland-Pfalz, ein ebenfalls in modularer Organisationsform geführter Bildungsgang. Die kompetenzbasierten Lernmodule werden projektorientiert unterrichtet, sodass bezogen auf ein wohnortnahes Qualifizierungsangebot u. a. die Möglichkeit besteht, Lernmodule an unterschiedlichen Fachschulstandorten zu belegen. So ist denkbar, dass man am Ort des Arbeitsplatzes eine Fachschule besucht und am Wochenende ein Lernmodul an einer wohnortnahen Fachschule belegt. Dies wird auch dadurch begünstigt, dass für jedes Lernmodul eine abschließende Leistungsfeststellung erfolgt, ebenso wie eine Anrechnung von einem Lernmodul möglich ist, das inhaltsgleich auf andere Weise erworben wurde. Im Bereich *Sozialwesen* kommt dann noch hinzu, dass durch das Alleinstellungsmerkmal und die Freiheit, nicht mit den Kammerorganisationen auf dem Fort- und Weiterbildungsmarkt in Kollision zu geraten, die Bildungsgänge zertifiziert sind.

Als erstes Bundesland hat Rheinland-Pfalz den Weg beschritten, sich für Maßnahmen der Arbeitsagentur zu öffnen, Fachschulangebote zu unterbreiten und aus den zugewiesenen Mitteln ein Qualitätssicherungskonzept zu erarbeiten, das regelmäßig durch eine akkreditierte fachkundige Stelle auf der Basis der *Akkreditierungs- und Zulassungsverordnung Arbeitsförderung* (AZAV) überprüft wird. Auch dieses zeigt: *Wer sich nicht bewegt, spürt seine Fessel nicht.*

In einem ersten Schritt wurde Schulen anheimgestellt, sich nach ausführlicher Beratung und Unterstützung gegenüber dem Fort- und Weiterbildungsmarkt zu öffnen und sich dabei einem Qualitätssicherungsprozess zu unterziehen. Die Freiwilligkeit sowie die Möglichkeit, das Schulprofil nachhaltig zu verändern, stellten offenbar eine so reizvolle Perspektive dar, dass zwischenzeitlich alle Fachschulen, die dieses Ausbildungsprofil anbieten, zertifiziert sind.

Vor diesem Hintergrund der immer neu an Aktualität gewinnenden Debatte der Nachqualifizierung, der hohen Zahl an unter 25-Jährigen ohne Berufsabschluss, aber auch der Anerkennung von Teilqualifikationen auf eine einschlägige Berufsausbildung würde, wenn man dem Gedanken der Modularisierung näher tritt, hierin eine zielführende Lösung liegen. Unter Achtung des Berufskonzeptes mit seiner ganzheitlichen Qualifizierung in dem jeweiligen Beruf bzw. der Berufsfamilie wäre eine Modularisierung im Kontext des Berufskonzeptes möglich. Die in den derzeitigen Ausbildungsordnungen ausgewiesenen Differenzierungen in Fachrichtungen, Schwerpunkte und Wahlqualifikationen ließen sich unterhalb des Berufskonzeptes modular gliedern und würden in ihrer Ganzheit das Berufsbild unverändert widerspiegeln. Hier könnte analog zu den Lernbausteinen, die in sich abgeschlossene Qualifikationseinheiten sind, verfahren werden. Die kumulativ zu erwerbende Abfolge von Modulen eines Berufskonzeptes würde die Möglichkeit eröffnen, mit anrechenbaren Teilqualifikationen (die überprüfbar sind) in eine Berufsausbildung einzusteigen und diese gemäß dem Berufskonzept abzuschließen.

Mit dieser flexiblen Eintrittsmöglichkeit in eine Berufsausbildung, deren Anrechnung nach einer Feststellungsprüfungen erfolgen würde, wären vielfältige Modelle denkbar. Demjenigen, der Qualifizierung nachfragt, würde man damit entsprechen, es wäre ein Konzept, das zeitlich flexibel zu Abschlüssen führt und dem Interesse der Wirtschaft auf der Suche nach Fachkräften gerecht werden würde. Berücksichtigt man, dass die Frage der Zertifizierung auch informell erworbenen Kompetenzen im Rahmen der Entwicklung des europäischen Bildungsraumes, an Bedeutung gewinnen wird, sind modular strukturierte Bildungsangebote zielführender. Dabei darf an der Kompetenz, die z. B. eine qualifizierte Berufsausbildung umfasst, nicht gerüttelt werden. Das belegen auch die Niveaustufen des DQR und die in der Anlage zugeordneten Ausbildungsberufe sowie der Ausweis der jeweiligen Niveaustufe des DQR auf den Abschlusszeugnissen der beruflichen Schulen (Empfehlung des Hauptausschusses des Bundesinstituts für Berufsbildung).

So schließe ich mein Plädoyer für die berufliche Bildung mit der Hoffnung, dass dieses leistungsfähige, vor Partikularinteressen der Kultusministerin der Länder weitgehend verschonte Bildungssystem weiterhin seinen umfassenden Bildungsauftrag im Interesse der Auszubildenden, der Gesellschaft und der Wirtschaft kreativ, fortschrittlich und an den Bedürfnissen der Nachfrager als *Bildungsdienstleister* wahrnehmen kann. Dass es hier viele Wege gibt, die zum Ziel führen, wurde verdeutlicht, doch ein Ziel ist unabdingbar: *Schule* benötigt offene, gestaltbare, situationsangemessene Rahmenbedingungen, um sich in einer verantworteten Freiheit gestaltend entwickeln zu können.

Bibliografie/Literaturverzeichnis:

Bayerisches Gesetz über das Erziehungs- und Unterrichtswesen vom 31.05.2000

Berg, Hans Jürgen, Entwicklung einer Schulklasse zur Gruppe: Erfahrungen mit Interaktionsübungen in einer Berufsfachschulklasse im Lernort Berufsschule, Frankfurt 1990

Berufsbildungsgesetz vom 24.12.2003 (BGBl. I S.2954)

Berufsbildende Schulen in Rheinland-Pfalz, Strukturkonzept, Heft 2, Empfehlungen zum Lernbausteinkonzept

Berufsbildende Schulen in Rheinland-Pfalz, Strukturkonzept, Heft 1

Bundesministerium für Bildung und Wissenschaft (BMBF) – Auf dem Weg zum europäischen Bildungsraum

BMBF – Deutscher Qualifikationsrahmen (DQR)

Bundesinstitut für Berufsbildung, www.BIBB.de, Leitung und Organisation sowie Gremien

Bundesinstitut für Berufsbildung (Hrsg.); Impulse für die Berufsbildung – BiBB Agenda 2000plus, Bonn 2000

Bund-Länder-Kommission für Bildungsplanung und Forschungsförderung, Heft 104, Zukunft von Bildung und Arbeit – Perspektiven von Arbeitskräftebedarf und -angebot bis 2015

Bildungsföderalismus mit Zukunft, Pressemeldung Bertelsmann 18.09.2014

Blankertz, Herwig, Theorien und Modelle der Didaktik. Weinheim: Juventa 1980

Bundesministerium für Bildung und Forschung, Pressemeldung 153/2015

Copei, Friedrich, Der fruchtbare Moment im Bildungsprozess, neunte Aufl., Heidelberg 1969

Web-Darstellung des BIBB und des BMBF, Anlage zum Deutschen Qualifikationsrahmen

BIBB – Pressemeldung Nr.50/2011 – Stellungnahme des Hauptausschusses

BIBB Pressemeldung 38/2015

Chrismon, 08.2013, S. 38, Eltern, macht euch locker!

Datenreport zum Berufsbildungsbericht 2015. Hrsg.: Bundesinstitut für Berufsbildung, Bonn

Ebbinghaus, Uwe; Diese Dummen Bildungsfatalisten, FAZ, 27.06.2015

Erikson, Erik H. Jugend und Krise. Stuttgart: Klett-Cotta, 1981, S. 242ff.

FAZ, 4.11.15, Bund soll in Schulen investieren dürfen

FAZ, 14.07.2014, Nr. 160, S. 19, Fachkräfte finden keine Stelle

FAZ, 22.08.2015, Nr. 194, S. 22, Handwerk will junge Flüchtlinge als Azubis

FAZ, 24.09.2014, Nr. 226, S. 2, Direktoren werfen KMK versagen vor

FAZ, 19.10.2015. S. 15, Bauindustrie warnt vor *Blauäugigkeit*

FAZ, 15.09.2014, Nr. 214, S.6, Maier, Hans, Alles Lernen war mir Leben.

FAZ, 14.01.2016, Nr. 11, S. 6, *Wann machen Sie wieder Frontalunterricht?*

Frevert, Ulrike, Wir brauchen das Gymnasium für alle. FAZ, 29.09.13, Nr. 39, S. 21

Fromm, Erich. Jenseits der Illusionen. Zürich: Diana 1967

Fromm, Erich, Der moderne Mensch und seine Zukunft. Frankfurt: Europäische Verlagsanstalt, 1960

Füller, Christian; Eins komma Null, FAZ, Nr. 24, S. 12

Garlichs, Ariane und Norbert Groddeck, Hg., Erfahrungsoffener Unterricht, Freiburg: Herder 1978

Gewerkschaft Erziehung und Wissenschaft, Infoblatt – Berufsbildung, September 2015

Hamburger Institut für Berufliche Bildung, (HIBB.Hamburg.de)

Heil, Hubertus, Plädoyer für eine Nationale Bildungsallianz, 12.10.15

Hentig, Hartmut von. Bildung – Ein Essay, Weinheim 2007

Hessisches Kultusministerium, Bildungsserver Hessen, Selbständige Berufliche Schulen (SBS)

Kant, Immanuel, Kritik der reinen Vernunft, Anaconda-Verlag, Köln 2011

Kaube, Jürgen; Lasst doch mal alles wie es ist, FAZ, 04.09.2014, Nr. 205; S. 11

Klafki, Wolfgang, Kategoriale Bildung: Zur bildungstheoretischen Deutung der modernen Didaktik. Studien zur Bildungstheorie und Didaktik. Hrsg. Klafki,W., Weinheim: Beltz, 1963

Klafki, Wolfgang, Studien zur Bildungstheorie und Didaktik. Weinheim: Beltz 1985

Kompetenzentwicklung – Thesen aus berufsbildungstheoretischer Sicht, bwp-online ISSN 1618-8543

Kultusministerkonferenz KMK/www.kmk.org

KMK, DQR-Beschluss vom 15.11.2012

Kutscha, Günter, Berufliche Lehr-/Lernprozesse – Zur Vermessung der Berufsbildungslandschaft, Beruflichkeit als regulatives Prinzip flexibler Kompetenzentwicklung

Lernfeldkonzeption – alter Wein in neuen Schläuchen, Gewerkschaft Erziehung und Wissenschaft, Landesverband Rheinland-Pfalz, Heft 3-4/2002

Marwede, Manfred, Rolle und Beitrag der rechtlich selbständigen beruflichen Schule im regionalen Berufsbildungsnetzwerk, Zeitschrift für Bildungsverwaltung (ZBV), Jg. 30, 2013, S.5

Mertens, Dieter. Schlüsselqualifikationen. Thesen zur Schulung für eine moderne Gesellschaft. In: Mitteilungen aus der Arbeitsmarkt- und Berufsforschung, 7 (1974), S. 36-43

Ministerium für Bildung, Wissenschaft, Weiterbildung und Kultur (MBWWK), Rheinland-Pfalz, Transfer von Eigenverantwortung, Qualitätsmanagement und Lehr- und Lernkultur an berufsbildenden Schulen (EQuL)

MBWWK, EQuL-Verwaltungsvorschrift vom 22.07.2015

Platon, Der Staat. Artemis & Winkler, Düsseldorf 2003

Precht, Richard David, Raus aus der Lernfabrik; Trierischer Volksfreund, 25.02.2014; S. 27

Regionale Berufsbildungszentren (RBZ) Schleswig-Holstein (rbz-schulen-sh/rbz-verband.de

Rousseau, Jean-Jacques. Emile oder Über die Erziehung, Reclam Nr. 901, 1963

Rumpf, Horst. Unterricht und Identität. München: Juventa 1979

Spiegel Online, 08.11.2005, Föderalismusreform: »Gute Nacht, Bildung

Schulgesetz – Rheinland-Pfalz, Stand 24.07.2014

SZ, 23.03.2015, Wahlkampf statt Schulfrieden

SZ, 13.08.2014, Guido Wolf will Bildungssystem umkrempeln

SZ, 17.05.2010, Ein deutscher Sadismus

Ziehe, Thomas, Hrsg. Plädoyer für ungewöhnliches Lernen. Reinbek: Rowolth,1982

Ziehe, Thomas. Wie man es im Kopf aushält. Pädagogik 7/8 (1988): S. 11-14